JN247559

本当は秘密にしたい ソウルの おいしいもの巡り

東山サリー

SHC 産業編集センター

まえがき

新しい味、 旅先で出会う人、 初めて知ること。

そんな楽しい時間が積み重なって、

韓国リピーターが増え続けているのか。

かくいう私もそんなひとり。

韓国に通い出し今まで知らなかった料理や食文化、

人気のお店に触れる機会がグンと増えました。

食のプロではないので

韓国料理に関するウンチクなどは語れませんが、

ソウル在住コーディネーターと

大人女子旅行者としての

視点をミックスさせ、 お店をセレクトしました。

毎日韓国料理ばかりを食べる訳ではないし、

韓国で食べる外国料理だっておいしいし、

センスフルな店だって行きたい。↗

貴重な韓国旅時間に行くのだから、

この味でこの空間でこのお値段...と

コスパに関してはシビア。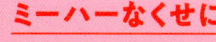

ミーハーなくせに、

こと食事に関してはインスタ映えより

おいしいもんが食べたいんだ。という心持ちなのです。

そして何より、 気持ちが明るくなる店が好き。

そこで働く人たち、場所、行くと元気がもらえる

「陽」な雰囲気のお店ばかり選びました。

味覚は十人十色なので、 私がおいしい!

と言い張っても味覚が違ったら

どうにもならんもんですが、 韓国でおいしいものを食べて、

優しい人たちと出会える、 そんな小さな幸せが

たくさん積み重なる旅のお手伝いになれば 嬉しいです。

CONTENTS

CONTENTS

※ページ数の前の番号は、P006のエリアマップの番号とリンクしています。

ソウルエリアマップ

SEOUL AREA MAP

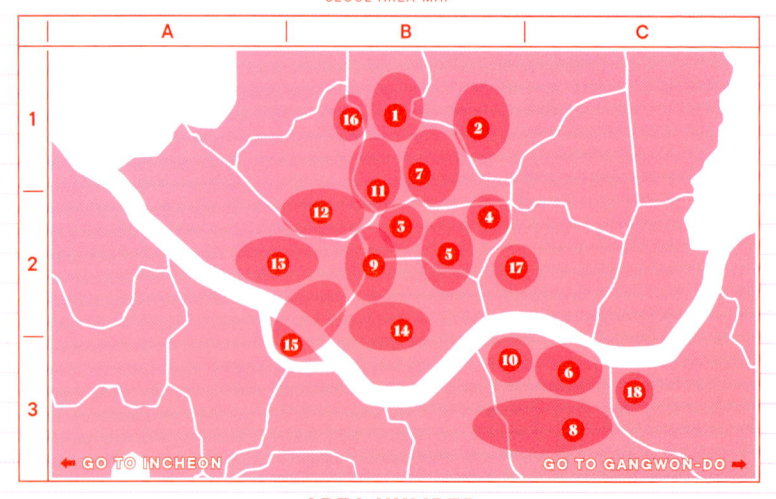

・AREA NUMBER・

1	三清洞・ソウル北部	**7**	仁寺洞・鍾路	**13**	弘大・合井
2	大学路・城北洞	**8**	江南駅・三成（COEX）	**14**	梨泰院・龍山
3	明洞	**9**	南大門・ソウル駅	**15**	汝矣島・永登浦・麻浦
4	東大門	**10**	新沙洞・カロスキル	**16**	西村
5	乙支路・忠武路・南山	**11**	市庁・光化門	**17**	聖水・ソウルの森
6	狎鴎亭・清潭洞	**12**	新村・梨大	**18**	蚕室

●1ウォン＝0.1円で換算しています。 ●店舗紹介ページでは、 住所、 電話番号、 営業時間など記載していますが、 韓国のお店は営業時間など変更されることが多いので、渡韓前にお店の最新情報を調べることをおすすめします。 また、 旧正月・秋夕の当日や連休は休むお店がほとんど。 毎年日程が変わるのでこちらもチェックを。 ●店舗にアクセスしやすいよう地図のQRコードを掲載しています。 色々な機種のスマートフォンで読み込み検証をしていますが、 機種によっては読み込めないものもある旨、ご了承ください。 ●移動時間は大人の平均徒歩で計算しています。 出退勤時間、週末は道が混みます。●韓国語の読みは、 本書の表記で統一しています。

ソウルでの移動手段、なにつかう？

韓国は交通費が日本よりも安くタクシーも気軽に使えるお値段。
ソウルはコンパクトだと言われていますが「この距離ならすぐ着くだろう」と思っていたら、 意外と時間がかかったなんてのは韓国あるある。ソウルって移動に時間がかかるし広いと思うんですよね。だから時間の確実性を求めるなら地下鉄、 公共交通機関より楽で速い距離間ならタクシー、 でも基本はバス。 韓国のバスは運転が荒くワイルドスピードなので、 乗車したら出来るだけ着席を！できない場合は手すりにしっかり捕まって。 私はこのせっかちなスピード感が大好きですが、 荷物が多い時や不安な人は避けた方がいいかも。

交通アプリは次ページへGO！

ソウル旅、これだけは言わせて！
私的渡韓必須用具

1 SIM or Wi-Fi

ソウル市内はフリー Wi-Fi がつながるスポットもあるけれど、どこでも繋がるわけではないし、移動中こそネットが繋がっていないと不便（カフェはほぼ Wi-Fi あり）。私のスマホは SIM フリーなので、いつも「Korea info」で SIM カードをレンタルしていました。Wi-Fi の充電を気にする必要がないし、荷物にならないから身軽に動けるし、ネット環境も快適でしたよ。

2 デビットカード

韓国はキャッシュレス化が進んでいるのでどの店でもほぼカードが使えます。荷物はコンパクトにしたいから断然カード派。デビットなら口座にあるだけしか使えないから安心です。レートが良い時に買い物をするとお得感もあります。またカードの裏に「PLUS」マークがあれば「GLOBAL ATM」でウォンで引き出しも可能。手数料は300〜700円程。※韓国のタクシーはデビットカードを使えないことが多く、クレジットカードは使えます。

3 T-money

交通カード。韓国国内の地下鉄、バス、タクシー、これがあればケンチャナヨ。空港やコンビニで販売しています。チャージは地下鉄の駅やコンビニででき、現金のみ。私はCOEX のSM TOWNで買ったEXO のカードを使っています（ニヤリ）。

4 スマホとアプリ

正直、スマホがないと生きていけない（中毒）。事前に天気をチェックするのも写真を撮るのも全部スマホ。

エクスペディア
航空券とホテルの予約も管理もこれだけで。

韓国地図
コネスト地図（QR使ってくださいね♡）オール日本語かつ細やかな表記で日本人にとってこれだけ便利な韓国の地図アプリが他にあるだろうか。いや、ない。

Subway
韓国国内の地下鉄乗り換え案内。乗車時間や料金がわかって便利（日本語）。

kakao map
韓国を牛耳る(?)kakao。使い勝手がよくとても好き。オール韓国語（住所を英語入力すれば出ることもある）なのでハングルを読める人向け。

kakao map
タクシー配車アプリ。目的地を入力すれば連れて行ってくれるので行き先の間違いを防げるし、タクシーの運転手さんに韓国語で伝える労力を省けます。ぼったくられるのでは？と心配な方には特におすすめ（現地決済可能）。

Papago
翻訳アプリ。画像のハングルまで読み込んで翻訳可能という出来杉くん。

LINE
「LINE 韓国語通訳」を友達追加すれば、瞬時に翻訳してくれる優れもの。

緊急の時は… 観光通訳案内電話 1330

韓国の観光についてのお問い合わせに答えてくれるサービス。通話料のみ負担すれば世界中どこからでも24時間、日本語で利用できるので安心感があります。事前にアプリをダウンロードしておくと便利。

緊急電話
警察署 112 ／ 消防署 119 ／ 救急医療情報センター 1339

CHAPTER
1

ソウルの
「おいしい」を
食べつくす

ソウルへの旅行が決まったら、何を食べたいですか?

焼肉? チヂミ? トッポッキ?

最近は日本でも色々な韓国料理を食べることができるようになったけれど、

韓国だからこそ楽しめる料理がまだまだたくさん!

豚焼肉は韓国で食べる方がおいしくてコスパがいいし、

イイダコを辛く炒めたチュクミに、

冷たい風が顔を突き刺す極寒の中で食べる、あつあつのチゲ。

韓国で食べる外国料理だって美味しい。

また、チーズタッカルビは現地の人はそんなに食べないし、

タッカンマリという名前を知らない人もいます。

そんな、実際現地に行ってみないとわからないことを知るのも旅の醍醐味。

朝カフェやナイトアウトなど、ソウルでの過ごし方もアテンド。

また行きたくなる、また会いたくなる魅力たっぷりのお店と人を集めました。

♡LOVE♡
KOREAN FOOD

朝カフェ

MORNING CAFE

気分が上がる空間と
おいしいパン

韓国カフェが好きすぎて月1、2回ソウルへ通っていた時、

滞在時間をフル活用すべく朝早くから開いているカフェを探していたものの、

チェーン店以外なっかなか...ない。

2016年に聖水にOnionができた時は感動したものです。

最近は以前より朝から営業しているカフェが増えてきてso happy。

ここでは、朝から素敵なカフェに行って気分を上げたいときに

おすすめの大好きなお店を集めました。

※バスは渋滞した場合大幅に時間が遅れることも。
出勤時間や週末は込み合うので、時間通りに動きたい時は地下鉄がベター。

SHOP NUMBER
01

cadette

いつも穏やかで素敵なオーナーのキム・スアさん

サンドウィッチメニューは11:00〜。 平日でも昼時になると満席になることも。 プディングもとってもおいしいですよ。

調和をイメージしたという大きな丸いテーブルは、 みんなでシェア。 知らない現地の人と同席になるっていうのも、 旅の醍醐味じゃーないですか。 バーガンディカラーの照明は、フランスのハンドメイドブランド「Jielde」のもの。

バターたっぷり! フランスパンで朝ごはん

　三角地というちょっと渋めなエリアにある、 可愛いフレンチベーカリーカフェ。 幼い頃から料理をすることが大好きで、フードスタイリングやメニュー開発の仕事をしてきたオーナー。 家で食べるような、 ほっとするシンプルな料理を提供したいとお店を立ち上げ、サンドウィッチにパン、 スープなど毎日せっせとおいしいものを作っています。 私がいつも頼むのは、 看板メニューのJumbon Butter。 バターたっぷり! だけど脂っこくない。ハムとパンとの相性バッチリでおいしいんです。 朝からほっこりとした気持ちになる優しいお店です。

---

cadette 카데뜨

		MAP
住所	ソウル特別市龍山区漢江大路200-1 (서울특별시 용산구 한강대로200-1)	
電話番号	+82-10-5493-1217	営業時間	7:30-18:00 (サンドウィッチ・ブランチメニューは11:00から)
定休日	日・月曜日	
instagram	@cadette.seoul	

梨泰院・龍山

朝カフェ

SHOP NUMBER
02

THE BAKERS TABLE

日替わりスープとパンだけでお腹いっぱいに。パンを2種類以上食べたい場合は、誰かとシェアするのが良し。

香ばしくてしっかりした味わいのパンがずらり。その他、ソーセージやフライドポテト、ビールなどもあり、メニューが豊富。ベイクドチーズケーキもおいしいですよ。

ローカル感が心地良い。ソウルでドイツ式ベーカリー

　一時期は閑散としていたものの最近また、素敵なカフェがぽつぽつとオープンしている経理団通り。ここに年中無休で朝8時からオープンしているありがたいベーカリーカフェ「THE BAKERS TABLE」。ドイツ人シェフが作るパンは、どれもダイナミック! なので、できればシェアがおすすめ。梨泰院エリア独特の異国情緒溢れる空気と、ローカルな雰囲気が好きで何度リピートしたかわからないほど。私はいつも日替わりスープ（なぜか行くといつもトマトポタージュ）をオーダー。おいしくて体も温まるのでホッとします。スタッフさんたちもみんな海外の方なので、さらに欧州感が増します。ひとりモーニングをしている人も多く、残ったパンはテイクアウトもできます。朝からおいしいパンをモリモリ食べて、元気におしゃべりしてパワーチャージできる場所です。

MAP

THE BAKERS TABLE 더베이커스테이블

住所	ソウル特別市龍山区緑莎坪大路244-1（서울특별시 용산구 녹사평대로244-1）
電話番号	+82-70-7717-3501
定休日	年中無休
営業時間	月~土8:00-21:00（L.O.20:30）／日8:00-20:00（L.O.19:30）

大学路・城北洞

朝カフェ

SHOP NUMBER
03

BMB

クロワッサンの種類が豊富なので、パン好きにはぜひ行ってみてほしい! サクふわでおいしいですよ。

①

②

最寄り駅までの通り沿いには「5EXTRACTR」や「Named Espresso」「haero coffee」などカフェがたくさんあるので、天気が良くて時間がたっぷりあるときは、お散歩がてら歩くのも楽しいです。

丘上の豪奢なベーカリーカフェ

　「この辺りは韓国の昔からのお金持ちが住むところだよ」と韓国人の友人。そう言われれば、立派な邸宅やお寺が多いような。最寄駅は地下鉄4号線・漢城大入口駅ですが坂道を30分ほど歩くことになるので、駅からはタクシーかバスがおすすめ。辺鄙な場所にあるけれど、閑静でのんびりした雰囲気が好きでふと行きたくなるお店です。豪奢な邸宅をベーカリーカフェにリノベーションしており、内装も華やか。籠に欲しいパンを入れていくスタイルも楽しいのです。2階のソファ席やテラスでまったり、優雅な時間を過ごせます（ソウルの有閑マダムってこんな感じ?）。ただ、何度も言いますが辺鄙な場所にあるので、お店のインスタグラムで店休日を必ず! チェックしてから行ってくださいね。まぁ、それでも休みなことはありますが…（韓国あるある）。

MAP

BMB-BOULANGER MAISON BUKAK 블랑제 메종 북악

住所	ソウル特別市城北区城北路156（서울특별시 성북구 성북로156）
電話番号	+82-2-747-0305　　**営業時間**　10:00-23:00
定休日	インスタグラム参照　**instagram**　@boulanger_maison.bukak

SHOP NUMBER
04

Tartine bakery 島山公園
（トサン）

Tartine代表メニューのクロワッサン。ブランチタイムはサラダ、パスタ、スープなど一品料理もあります。それぞれひとりで食べきれるサイズ感も嬉しいポイント。

1 黒、白、茶色のオリジナル紙袋がとっても可愛くて、ついテイクアウトもしたくなってしまう。

2

日本未上陸！サンフランシスコ発の人気ベーカリーカフェ

　韓国4号店となる島山公園店が2019年6月にオープン。日本未上陸の「Tartine bakery」をソウルで堪能するのはどうでしょう。美しい造形に開放感たっぷりの明るい空間。パンもプディングもおいしいし、ひとりごはんにもぴったりなブランチメニューもおすすめ。狎鴎亭ロデオという立地がそうさせるのか、平日は「ちょっと身ぎれいにして」行きたくなる、おハイソな雰囲気が漂います。このエリアで見かけるのは高級車ばかり。週末の江南区はブンブン粋がる高級車が増え、見かけるたびに心の中で「江南スタイル！」と歌ってしまいます。車と言えば、昔韓国男子と遊んだ時に「僕、車がなくてごめん」と言われたことが衝撃で、90年代生まれの人でもこんなにマッチョな考えなんだなぁ…車なんてどうでもいいけれど、韓国はいまだに25歳を過ぎたらおばさん文化だものなぁ（都市部を中心に変わりつつあるように見える）と感慨深くなったのでした。

MAP

Tartine bakery 島山公園 타르틴 베이커리 도산공원점

住所	ソウル特別市江南区彦州路168キル24（서울특별시 강남구 언주로168길24）
電話番号	+82-70-4333-4350
定休日	インスタグラム参照

営業時間	9:00-22:00
instagram	@tartinebakery_seoul

CONTE DE TULEAR

狎鴎亭・清潭洞

朝カフェ

手作りケーキとドリンクでまったり。 無造作に置かれた花が都会にいることを忘れさせてくれます。

店内の至るところに植物が。 その自然な香りに癒されます。

調香ブランドが運営するクラシカルなカフェ

　2019年11月に漢南洞から狎鴎亭ロデオ・島山公園へ移転し、 リニューアルオープン。 調香ブランドが運営するカフェはと・に・か・く素敵。 絵本に出てきそうな煉瓦造りの一軒家、 家を囲う木々、 さりげなく飾られた生花。 爽やかな風を感じながら、 ゆっくりお茶とおいしいパンをいただけます。 街中にいるとは思えない、 まさに都会のオアシス。 カフェの隣の部屋ではデュフューザーやキャンドル、 ルームスプレーなどを販売。 自然の植物、 ハーブ、 木などの香りをベースに調香し、 ソイワックスとソイバターだけを使った体に優しい製品をすべて手作業で作られています。

MAP

CONTE DE TULEAR 꽁티드툴레아

住所	ソウル特別市江南区島山大路49キル39 (서울특별시 강남구 도산대로49길39)
電話番号	+82-70-8846-8490
定休日	月曜日
営業時間	11:00-24:00 (日曜日は23:00まで)
instagram	@tulear_seoul

Sunset Swimming Sandwich

狎鷗亭・清潭洞

朝カフェ

❶

❷

9:00-10:30はハム＆エッグミニサンドウィッチにアメリカーノがついたモーニングセット（8,000ウォン・約800円）あり。 Truffle Egg Sandwich（13,000ウォン・約1,300円）／AMERICANO（4,500ウォン・約450円）。

明るい陽がさんさんと差し込む窓辺も、座り心地抜群なふかふかなソファ席も好き。 ゆったりとした雰囲気。

「夕暮れの海辺で水泳後に楽しむ
コーヒー＆サンドウィッチ」がコンセプト

　2019年9月・狎鷗亭ロデオにオープンしたサンドウィッチカフェ。「Tartine bakery」（P014）のすぐ近く。 つまり、 私がどれだけこのエリアを好きかそろそろお察しいただいているところかと思います（同じエリアばかり紹介しやがってと言わないであげて）。 だってここ、 朝9時から開いているし、 Market Lane のコーヒーは飲めるし、 シンプルなインテリアが可愛くて気分が上がるし!! 朝からおしゃべりに勤しむ姐さんたち、 写真をうまく撮ろうと頑張る可愛い女子たち（仕事何してるの?）、 ひとりでモーニングをしているイケメンを見ているのも楽しい。シグネチャーメニューの Truffle Egg Sandwich はボリューム満点でトリュフがきいていてGOOD! しょっぱいもの好きさんにおすすめです。

MAP

Sunset Swimming Sandwich 선셋스위밍 샌드위치

住所　　　ソウル特別市江南区彦州路170キル23（서울특별시 강남구 언주로170길 23）
電話番号　+82-2-544-7676
instagram　@sunset.swimming.sandwich
営業時間　9:00-21:00（週末・祝日は10:00 OPEN）

テイク
アウト用の袋が
カワイイ♡

ひとりごはん

PLACE FOR ONE PERSON

「혼밥＝ひとりごはん」を楽しんじゃおう

韓国では「食事はみんなで」する意識が強く、
焼肉や鍋物は基本2人分以上からしか注文できないし、
ひとりでは食べ切れない量のメニューが多いのです。
しかも数年前まで(今も若干ある)ひとりでごはんを食べる＝
かわいそうな人認定されてしまうというおまけ付き。
ここ最近、核家族化やドラマの影響もあり、
ようやくひとりごはんできる店が増えてきました。
そんなひとり旅に嬉しい! おいしいお店を集めました。
おまけ:
日本のドラマ「孤独のグルメ」も大人気。

タンサン

三清洞・ソウル北部

ひとりごはん

LAカルビ定食22,000ウォン（約2,200円）／ユッケビビン麺定食13,000ウォン（約1,300円）／ユッケ丼（麦飯）定食13,000ウォン（約1,300円）

洗練されたモダンな韓食堂で優雅なランチ

　地下鉄3号線・安国駅3番出口から徒歩3分。世界中から観光客が訪れる景福宮エリアの賑わいを横目に、路地裏にひっそりと佇むお店です。韓国の伝統家屋に北欧スタイルの家具を配置した、洗練されたモダンな空間が素敵。広々としたカウンター席もあり、気兼ねなくひとりごはんもできます。野菜たっぷりのサラダ感覚でいただけるユッケビビン麺もおいしいけれど、ちょっと奮発して元気を出したいときは、LAカルビ定食！甘辛い味付けの牛肉がおいしくて、定食についてくるおかずも全部おいしくて、幸せ。また、こちらで使われている器は釜山に工房のある「クキム工房（instagram@koo_kim_）」のもの。なめらかな手触りと美しいフォルム。飾りすぎない、韓国の現代的なミニマルデザインを感じられるもので、器も食事を盛り立ててくれます。

DANSANG

クリーム色の壁と木製の窓枠が可愛い、レトロモダンな外観。

ここ最近若者を中心に牛肉人気が高まっている韓国。米国産牛肉を、部位別にコンセプトを変えて販売するのも流行っているそうで、LAカルビもそのうちのひとつ。

スタッフさんたちがとても優しくて気さくなので、気持ちよく食事できます。肩肘張る華やかさではなく、リラックスして気楽に、でも満足できる韓食を食べてほしいという想いでお店を立ち上げたのだそう。

開放的なオープンキッチン。

タンサン 단상

住所 ソウル特別市鍾路区北村路2キル11（서울특별시 종로구 북촌로2길11）
電話番号 +82-2-741-8333　**営業時間** 11:00-16:00（L.O.15:00）／18:00-24:00（L.O.22:30）
定休日 日曜日　**instagram** @dansangkr

MAP

又来屋
ウ　レ　オク

① 平壌式冷麺 14,000 ウォン（約1,400円）。※日本語メニューあり。

1946年から続くプルコギの老舗店。 北朝鮮出身のオーナーが、 故郷に帰ることが出来ない人々のために作ったことからはじまったのだそう。

1946年創業! 淡白でまろやかな平壌冷麺

　数年前の夏、 ソウルで大ブームとなった「平壌冷麺」。 そのブームに乗り、 行列のできる有名店に行ったものの、 塩胡椒大好き族の私はあまりの味のなさに「!?!」（食べれば食べるほど味わい深くなりハマる人も多い）と衝撃を受けたのです。 以来食していなかったのですが、 こちらはさすが老舗のプルコギ・冷麺店。 ダシがしっかりときいていておいしい!! 淡白でまろやかなスープは江原道産の韓牛100%。 野菜など一切使用せずに韓牛だけを24時間煮込んだものなのだそう。 蕎麦と薩摩芋のでんぷんを7:3の割合で調合している麺は、 韓国の麺に比べると、 もったりとしていて切れやすいです。 韓国冷麺はキレのあるスピーディーな感じ、 平壌冷麺はゆっくりのんびりとした感じでしょうか。最後までおいしくいただける一品。

MAP

又来屋 우래옥

住所　　ソウル特別市中区昌慶宮路62-29 （서울특별시 중구 창경궁로62-29）
電話番号　+82-2-2265-0151　営業時間　11:30-21:30（L.O.21:00）
定休日　　月曜日

韓服レンタル店が
多いエリア。
楽しいよ!

サムチョンドン
三清洞スジェビ

最寄り駅までの道中、お店から徒歩5分
ほどのところに「1/2 ROUND CAFE」、
駅に近づくと「yyyyynnn」「ALMOST
HOME CAFE」と素敵なカフェもあるの
で、食後のカフェタイムにどうぞ。

韓国人の友人は絶対知っていると言っても過言ではないほ
ど、有名店。週末は混み合うことが多いので、ピークタイ
ムは避けていく方がいいかもしれません。スジェビ9,000ウォ
ン（約900円）。

韓国らしい街並みを
楽しめるこのエリア。
秋になると銀杏並木
が色づき、紅葉が本
当に綺麗です。

プチプラでミシュランの味を楽しむ

　景福宮エリアにある、1985年創業のスジェビ（すいとん）専門店。ミシュランガイド
2019に掲載されたと聞いた時は、すいとんでミシュラン…すいとん!?!? とキャパオーバー
になりましたが、すいとんに失礼でした。スタッフアジュンマたちがせっせとタネを作っ
てくれていると聞いただけで、ありがたみが増すというもの。スジェビは見た目よりも塩
がしっかりきいていて、コクもあっておいしいのです。ツルッといただけて、食べている
と体がほこほこ。普通の食堂なので気負いなくひとりでふらっと入って、おいしくあた
たまったら三清洞散策。最寄りは地下鉄3号線・安国駅または景福宮駅ですが、どち
らも歩くと20〜25分ほど。気候の良い季節なら散策しながら歩くのがおすすめですが、
暑い＆寒い時はタクシーに乗った方が楽です。

三清洞スジェビ　삼청동수제비

MAP

住所	ソウル特別市鍾路区三清路101-1（서울특별시 종로구 삼청로101-1）
電話番号	+82-2-735-2965　営業時間　11:00-21:00(L.O.20:00)
定休日	年中無休

ファネッチプ

今では「カムジャタン」の名が浸透しましたが、 昔ながらの庶民的なお店では、 かつての呼び名「カムジャクク」で通しているところも。

24時間営業なので早朝便でソウルに到着する人にもありがたいお店。

ぶっきらぼうなアジュンマたちがまた、 味わい深いのですよね。 世界レベルでみても逞しい方たち。

東大門でひとりカムジャタン、どんとこい!

　カムジャタン（骨つき豚肉とじゃがいもの鍋料理）は大勢じゃないと食べられない。 私もそう思っていましたが、 ソウル・東大門にはカムジャタン通りというところがあってですね。 その名の通り、 カムジャタンのお店がずら～り。 中でもよく行くのは「ファネッチプ」。 正直どこもそんなに味に大差はないと思いますが、ここの味が好みなんです(笑)。 一人前用の「カムジャクク」(7,000ウォン／約700円)を注文すれば、 石焼鍋に背骨肉がごろりと入ったカムジャクッが登場。 極寒の日のスープの沁みることと言ったら…。塩、 エゴマ粉で好みの味に調整して、 あっつあつのうちにいただきましょう。 24時間営業なので、 東大門でのナイトショッピング中にもふらっと入れる便利なお店。 ご近所のおじさんやおばさんたちがサクッと食事をしにくるような、 下町感溢れるザ・食堂です。

MAP

ファネッチプ 황해집

住所	ソウル特別市鍾路区鍾路46キル17 (서울특별시 종로구 종로46길17)
電話番号	なし　**営業時間** 24時間営業
定休日	年中無休

チャンコマ

梨泰院・龍山

新カフェ

ひとりごはん

ダイニング

肉料理

鍋料理

粉食

お酒料理

スイーツ

ナイトスポット

ソン・ヘギョ、カン・ダニエルなど韓流スターも訪れるそう。

写真は手前から韓牛ユッケビビンバとカンジャンそぼろライス。 各13,000 ウォン（1,300円）。

山上にある小さなダイニング

　最寄駅は…ない。 地下鉄6号線・緑莎坪駅から経理団通りをず〜っと上って行くこともできますが、 おすすめのルートは青色バス「402番」。 南大門市場エリアから乗車すれば10分ほどで店まで到着。 南山タワーの麓を運行するバス402番は、 人気カフェ「Avec el」「The Royal Food and Drink」 や、 P032で紹介した 「KOREAN SOUL DINING」 のある解放村へ行くときにも便利です。 山道を通りながら、 ソウルの街を一望できる眺めも、 春は桜、 夏は緑、 秋は紅葉と四季折々の風景を堪能できるバスの旅もいいものですよ。 お店の1階はカウンター席、 2階はテーブル席。 店内には韓国作家の器やオブジェが飾られ、 モダンコリアンな雰囲気を感じられます。 人気メニューは韓牛ユッケビビンバと明太バターライス。 ひとりごはんに嬉しい定食スタイルで出てきます。 坂道が多く行き来は大変ですが、 このエリアは小さな書店やカフェがあったり、 経理団通りではアートフェアをしていたりと、 ローカルカルチャーを感じることができておもしろいのです。

チャンコマ 장꼬마

MAP

住所 　 ソウル特別市龍山区素月路40キル53 (서울특별시 용산구 소월로40길53)
電話番号 　+82-70-4153-6517 　 **営業時間** 　12:00-22:00／Break Time 15:00-17:30
定休日 　 月曜日 　 **instagram** 　@jangkkoma

梨泰院・龍山

ひとりごはん

一好食 （イルホシク） SOUNDS 漢南店 （ハンナム）

このエリアは独特の雰囲気があり、街を歩くソウルっ子もショップのスタッフさんたちもシティ感満載。感度が高い垢抜けた男女が多く、街行く人々を眺めているだけでも心が潤います…。近くには「Aussie hill」「33apartment」など、紹介できないほど素敵なカフェに溢れていて、住みたい!!

SOUNDS漢南でひとり韓定食

　多文化が入り混じった異国情緒溢れるエリア・漢南洞。カフェ密集地帯であり、梨泰院駅周辺より閑静でゆったりとした空気感も大好き。大使館通りに位置する複合施設・SOUNDS漢南は、書店「STILL BOOKS」やカフェ「QUATET」、BAR「THE LAST PAGE」など、カルチャーも食も楽しめる洗練された空間。このエリアはひとりで気ままにふらふらするのも楽しいけれど、しっかりごはんを食べたい時に駆け込むのがこちら。韓国式ハンバーグ・トッカルビや牛丼、焼き魚など種類が豊富で野菜までおいしい!食堂とは思えないスタイリッシュなインテリアで、カウンター席もあるのでひとり旅にも嬉しいのです。写真は「スパイシー豚肉石焼ごはん定食」。石焼でジュージューと煮立ったピリ辛スープは、ごはんにかけて食べても美味!はふはふなりながらおいしくいただきました。定食はすべて15,500ウォン（約1,550円）。

MAP

一好食 SOUNDS 漢南店　일호식 사운즈한남점

住所	ソウル特別市龍山区大使館路35（서울특별시 용산구 대사관로35）
電話番号	+82-2-794-2648　営業時間　11:00-16:00／18:00-22:00
定休日	不定休　instagram　@ilhochic.hannam

GEBANG SIKDANG 本店

1 ちょっと贅沢なごはんにしたい時や女子旅におすすめ。 もちろん男性も満足度が高い店だと思います。

タレに漬け込み熟成させたワタリガニは「ごはん泥棒」とも言われるほどごはんにあいます。

3 江南区庁駅3番出口からすぐ。 すぐ近くには「東大門タッカンマリ」、歩いて10分ほどの場所には「OUR Bakery」があります。

洗練されたアーバンなカンジャンケジャン店

　カンジャンケジャンは食べたいけれど、 ひとり旅だと食べられない！と言う方におすすめなのがこちら。 カフェのような店内はカウンター席もあり、 女性ひとりでも寛いで食事できる雰囲気(しかも充電できる)。 江華島で獲れた良質なカニだけを厳選し使用しているので、 お値段は時価(だいたい36,000～40,000ウォン前後)。 磯の香りがする濃厚なカニミソは、 昼間からお酒を飲みたくなってしまうかも。 カンジャンケジャンもカンジャンセウも臭みのない、 上品な美味しさです。 佃煮のりに白いごはんを巻いて食べれば、もう最高。 韓国作家の美しい器も目の保養…そして店主が穏やかでとても素敵な方。 人にも誠実さを感じるお店です。 定食スタイルなので、 バランスよく色々食べることができ、 おかずは日替わり。 何を食べてもおいしいミシュラン獲得店です。

MAP

GEBANG SIKDANG 本店 게방식당 본점

住所	ソウル特別市江南区宣陵路131キル17 (서울특별시 강남구 선릉로131길17)
電話番号	+82-10-8479-1107
定休日	日曜日
営業時間	11:30-21:00(BreakTime 15:00-17:30)
instagram	@gebangsikdang.official

トゥル

このエリアは富裕層が多いので、 値段設定が少し高めのマッチブ (おいしい店) が豊富。

「ギャラリア百貨店」、 日本未上陸の「10 Corso Como Seoul」、 人気バーガーショップ 「DOWN TOWNER」、 韓国で1000店舗目となる 「STARBUCKS COFFEE 清潭スター店」 も徒歩圏内。

K-POPキング！EXOのD.O.が通う韓国家庭料理

　狎鴎亭ロデオ、 島山大路を1本裏に入ったビルの5Fにある「トゥル」。 俳優ドルとしても名高いEXOのD.O.が通っていると日本の某女性誌で読み、 聖地巡礼気分で行ったのですが、 料理がおいしくて通うように。 一品の量は多いですが、 麺やごはんものなら、 ひとりでも食べやすいと思います。 チュモッパプ (韓国風おにぎり) は特におすすめ! 日本では食べられないような風味がおいしいんです。 エゴマの葉で包んで食べてもおいしいですよ〜! こちらはおかずまで全部おいしい。 静かで落ち着いた空間なので、 ゆっくりと食事ができます。 本当にちなみにですが、 D.O.がよく注文するのはチュモッパプとナクチポックムだと言われています。 写真付きの英語メニューがあるので、 注文も難しくありません。 お店のアジュンマたちも優しいので、 安心してください。 チュモッパプ3個12,000ウォン (約1,200円) ／ナクチポックム 40,000ウォン (約4,000円)

MAP

トゥル　두루

住所	ソウル特別市江南区宣陵路148キル28.5F (서울특별시 강남구 선릉로148길28.5F)
電話番号	+82-2-3443-8834　営業時間　11:00-21:00
定休日	不定休

魔女キンパ

スープや漬物、水は自分で勝手に取るスタイル。注文は画面の案内に沿って進めます。まずはお店の中で食べるか、お持ち帰りかを選択。好きなメニューを選んだらお会計を(カード決済のみ・日本のカード使えました)。

昔はSMエンターテイメント、JYPなど大手芸能事務所があり、このエリアではよく「絶対に一般人ではないであろう何か」な人たちを見かけます。

朝8時からOPEN! 韓流スターも通うキンパ屋

　取材中、差し入れでいただいてからハマってしまった「魔女キンパ」。午前8時から開いているので、朝ごはんやホテルでのおやつ、ピクニックのおともにと、とにかく使い勝手よし。他の種類も食べたいな…と思いつつも、私はいつも看板メニューの「魔女キンパ」を注文してしまいます。はじめて食べた時、キンパの具材に揚げ物があることが衝撃で! 揚げ物から放たれる香ばしさと旨味、じゃくじゃくとする歯ごたえがクセになるおいしさ。さらに卵焼きとハム、たくあんとのコラボレーションでまろやかな一品に仕上がっています。おなかに余裕がある人は、キンパと一緒にラーメンもどうぞ。軽食なのでサクッと食べてサッと出たい人におすすめ。平日昼食時は現地のOLで満席なことも。魔女キンパ3,500ウォン(約350円)

魔女キンパ　마녀김밥

住所	ソウル特別市江南区狎鷗亭路79キル32 (서울특별시 강남구 압구정로79길32)
電話番号	+82-2-547-1114　営業時間　8:00-21:00
定休日	不定休

SHOP NUMBER
16

麺厨房 狎鴎亭店
ミョンジュバン　アックジョン

カウンター席の椅子がカフェで使われているような小洒落たデザインで、女性ひとりでも食事しやすい雰囲気を醸し出してくれています。

現在の店舗は、江南（ソウル）、金浦、始興、河南、大邱、釜山。美味しいグクスはおなかも心も満たしてくれます。辛いものが苦手ですと伝えたい時は「メウンゴ アンドゥエヨ」と言えば大丈夫。

辛いもの、苦手でも大丈夫。カルビグクス一杯

　狎鴎亭ロデオ散策中、おなかがぺこぺこで何か食べたいけれど、ケーキやお菓子じゃなくて温かいごはん…食べたい…とごはん難民になっていた時、おいしそうな匂いにつられ、気づけばカウンター席に着いていたお店。機敏に働くスタッフさんたちが頼もしく、「熱いから気をつけて食べてくださいね」と気遣いまでできるMENSたち。カルビグクス（9,000ウォン・約900円）は、牛の旨味たっぷりでまろやか。辛カルビグクス（9,500ウォン・約950円）も人気で、こちらは辛いものが好きな方におすすめ。大韓民国八道（韓国全土）の名物グクスと料理が楽しめます。夜は店名が変わり、韓国居酒屋に。メニューもガラリと変わりまさに太陽と月。昼夜別の顔を楽しめるお店です。（ソウルではまだあまり見かけない）女性のひとり客が多いので、ひとり旅の時にも心強し。食堂感のない、ほのかに高級感のある綺麗なお店です。

MAP

麺厨房 狎鴎亭店 면주방 압구정점

住所　　ソウル特別市江南区宣陵路155キル13（서울특별시 강남구 선릉로 155길13）
電話番号　+82-70-7704-5113　営業時間　11:30-15:00
定休日　インスタグラム参照　instagram @noodle_kitchen

（イクソン）
益善タッグクス

P138で紹介した洋装レンタルの近く。 タッグクスで腹ごしらえして、洋装コスプレからの益善洞散策もおすすめ!

ふたりでシェアでもいいくらいのボリューム。

足つきの鶏がディープインパクト

　茹でた鶏半羽（タッパンマリ）とうどんが合体した料理「タッグクス」（8,000ウォン・約800円）。 韓国に来てから知ったのですが、 初めて見た時のインパクトが強すぎて、ちょっと食べることを躊躇したほど。 タッカンマリに似ていますが、 もっと気楽に食べられる（タッカンマリに構えるわけではないけれども）料理。 平日昼時は近所のサラリーマンでいっぱいになるので、 ランチタイムは外して行くほうがベター。 柔らかな鶏肉も、さっぱりとしたスープも、 そしてうどんも入って一石二鳥感がすごい。 もし複数人で行く時は、 海鮮チジミもぜひ! このボリュームときたら! 歩いて1分の場所にある「少女美容室（instagram@sooknyo_salon）」はレトロな壁紙とインテリアが可愛い一軒家カフェ。コーヒーメニューもビールも、 ベーカリーも楽しめるお店です。 食後のブレイクタイムにいかがですか?

益善タッグクス 익선 닭국수

MAP

住所　　　ソウル特別市鍾路区三一大路32キル30（서울특별시 종로구 삼일대로32길30）
電話番号　+82-2-765-3239　　営業時間　10:30-22:00
定休日　　不定休

空間も魅力の ダイニング

DINING RESTAURANT
WITH
ATTRACTIVE SPACE

さすがの韓国センス
空間も料理も楽しみたい人へ

韓国は、日本よりもダイニングと呼ばれるレストランが少なく、

そもそも「ダイニングはお金持ちが行く店」

というイメージがあるのだそう。

でもお金持ちじゃなくても（笑）

気兼ねなく入れて、 ソウルに住んでいても行きたい！

空間も料理も楽しめる素敵なお店を集めました。

SHOP NUMBER
18

ジェイル
第一

絹ごし豆腐くらい物腰柔らかな店主。演劇映画学科で演技を専攻していたのだそう。

弾力あるジューシーなポッサム。甘辛い味付けでお酒がすすみます。

お店のことを知らなければ通り過ぎてしまいそうな無造作な外観。ぶっきらぼうに見えても店主さんたちはハートフルですよ。

舞台装置のようなダイニング

　地下鉄2号線「トゥクソム駅」から徒歩5分ほど。一風変わったおもしろいダイニングを紹介します。店名である「제일」とただ書かれた看板。扉を開けると目の前には、ガランとした舞台装置のような空間。ダイニングとしてはもちろん、イベントやマーケット、ギャラリーとして展示会を開催したり撮影をしたりと、様々な舞台として変化する空間でもあるのです。「お客様においしく食べていただきたい。心温まるような時間を過ごしてほしい」と試行錯誤を繰り返した、シンプルで普遍的な家庭料理が日々作られています。また韓国酒が豊富なので、ぜひ色々な味を試してみて。イベントをしていることも多いので、渡韓前にインスタグラムで最新情報をチェック。食とお酒はもちろん、カルチャーも楽しめる場所です。

MAP

第一　제일

住所	ソウル特別市城東区往十里路10キル9-9 (서울특별시 성동구 왕십리로10길9-9)
電話番号	なし　**営業時間** 18:00-00:30
定休日	日曜日　**instagram** @je__il

KOREAN SOUL DINING

梨泰院・龍山

ダイニング

余白のある広々としたカウンター席でゆったり食事タイム。 調理風景を眺めるのも楽しい。

NEO SEOUL食を体感できるダイニング

　若者の手によって生まれ変わった新興市場など、 強い個性が集まって作られている解放村に2019年夏オープン。 オーナーシェフは、 ミシュラン獲得レストランで活躍してきたユン・デヒョンさん。 BANAHILLSのオーナーでもあり、 ディレクションも手掛けています。 「現代人は自国の料理だけではなく、 色々な国の料理を食べていますよね? だからまだ韓国では馴染みが浅いダイニングという形で、 韓食ベースではないコンテンポラリー料理をお出ししています。 もっと気楽にダイニングというスタイルを楽しんでもらいたい。 そしてソウルの新しい食文化をたくさんの人に知ってもらいたくて」 と話すオーナー。 例えば、 巻いて食べることが好きな韓国の食文化を表現した鴨のサンパ。 ごはんとフォアグラソースと鴨のフュージョン、 大変おいしゅうございました。 どの料理も口当たりは軽やかなのに、 不思議と重厚感があり、 まさに新感覚なおいしさです。

KOREAN SOUL DINING

맛있게
드세요!
〔おいしく召し上がれ〕

オーナーと階上のスタジオで料理
教室を主宰している奥様。

コースのみ／ランチ（58,000ウォン・
約5,800円）ディナー（88,000ウォ
ン・約8,800円）。
※連絡を受けてから材料を準備
するため要予約。

3

ごはんとフォアグラソースと鴨の
マッチングが絶妙の鴨のサンパ。

4

奥様が毎朝作ってくれるフレッ
シュジュースから着想を得たとい
う料理（それは愛…）。レモン、り
んご、ビーツなどのフルーティー
な冷スープと刺身を一緒に。

5

ジュレソースと麦のぷちぷちし
た食感がユニークなじゃがいも
のジョン。

6

BANAHILLSは1F が白陶器
MUJAGI とコラボした kkafe
by seoul、2Fがパスタレストラ
ン、3Fがバー&ルーフトップ。ち
なみにダイニングで使われている
陶器は、すべてMUJAGIのもの。
無駄なものを削ぎ落とした韓国
的な美しさと実用性を兼ねた器
は、購入も可能です。

いつも穏やかで優しい、MUJAGI
の作家・ボグンさん。1階の工房
で作業中のところを。

食後はカフェで
のんびりしてね

KOREAN SOUL DINING 소울 다이닝

住所	ソウル特別市龍山区新興路26キル35（서울특별시 용산구 신흥로26길35）
電話番号	+82-2-318-7685
定休日	月曜日

営業時間　12:00-15:00(L.O.13:30)／
18:00-22:30(L.O.20:00)

instagram　@soul.dining.seoul

MAP

gnocchibar

梨泰院・龍山

朝カフェ

ひとりごはん

ダイニング

肉料理

鍋料理

外国料理

ハレの日

ナイトアウト

壁のイラストといい、照明といい、長テーブルといい、どれをとってもアーティスティック!

幻想的な空間を楽しみたい時に

　韓国カフェ好きの間では伝説的カフェ「ブオク」のオーナー・ヘジョンさんが手がける、ニョッキ専門店。英国へ渡り料理を勉強し、韓国でフードデザイナーとしても活躍しています。彼女の生み出す独創的で美しい世界が大好きで、虜。いつもサプライズプレゼントを受け取っているような感動があるのです。gnocchiは淡いコーラルオレンジの壁と壁画が印象的。ひとつの長テーブルで食事をする風景はまるで映画のようです。小皿がひとつひとつ違うデザインなところもヴィンテージの食器もとにかくどれも美しい。でも肩肘張るような緊張感はない、ゆったりとおしゃべりを楽しみながら食事ができる空間。「今は冬トリュフが香りが良くておいしいですよ」とすすめられ、この日はトリュフオイルのパスタをオーダー。アルデンテの麺と濃厚なオイルが絡みあう、思わずワインがすすむおいしさです。※ブオクは休店中

にこにこ笑顔で
迎えてくれる
チーム長

gnocchibar

② キャベツに塗装を施し作られている石像オブジェ。 どうやればこんなことを考えられるのか…野菜の限界点を超えた作品。

③ 月に数回、 北村にあるイタリア料理店「イタリジェ」のチョン・イルチャンシェフが腕をふるうことも。 ブオク時代から現在もオーナーのプロジェクトに携わっている著名なシェフです。

④ この日のサラダはタプナーゼ。 モッツァレラチーズにオリーブオイル、ブラックペッパーがたっぷり。 爽やかなロゼとよくあいます。

⑤ 現代アートを観る・感じる美術館「D museum（@daelimmuseum）」は徒歩10分程。 無料で入れる体験型スペース「D project space（@dprojectspace）」は徒歩5分。 展示内容は半年ペースで変わるので、インスタグラムやオフィシャルサイトでチェックを。

gnocchibar 뇨끼바

住所	ソウル特別市龍山区漢南大路20キル41-4（서울특별시 용산구 한남대로20길41-4）
電話番号	+82-2-6104-8300
営業時間	11:30-21:30（BreakTime14:30-17:30）
定休日	月・火曜日のランチタイム
instagram	@gnocchibar

MAP

HANSIK GONGANG

地下鉄3号線・安国駅3番出口から徒歩5分。

ランチコースは60,000ウォン（約6,000円）。HPから予約も可能。予約の際にはデポジットが必要で海外カードも使えます。

海の薫りをほのかに感じる、淡白で上品なあわびのスープ。

格式高い韓国を味わえるダイニング

　韓国の現代建築史に名を残す名作建築「空間」をリノベーションした、アラリオミュージアム・イン・スペース。その4Fにオープンした「韓食空間」では、韓国の宮廷料理を現代的に解釈したコース料理をいただけます。ガラス張りの壁は開放感がたっぷり。モダンなインテリアも素敵です。「昌徳宮を眺めながら、昔の王様が食べていた食事形式で宮廷料理を楽しめるんですよ」と教えていただき、まるで王様気分。マーマー（韓国時代劇風）。素材の味を最大限に引き出した料理は、一品一品がとても丁寧。お粥は白磁作家のイ・ヤヨン、前菜は粉青作家のホ・サンウク、キムチは白磁作家イ・ギジョ、デザートは漆作家のパク・ミギョンと韓国を代表する名だたる作家たちの器で食事が出てくるところも、楽しみのひとつ。コースの終盤には料理長が各テーブルを周り、食事をしているお客様たちに挨拶していたことも印象的でした。全然偉ぶらない腰の低い丁寧な方。おいしいものを作る人たちは心も美しい人なのだと思います。

優しい
笑顔が素敵な
料理長。

HANSIK GONGANG

❹

紅葉が美しい秋に訪れると昌徳宮の景観をさらに堪能できます。 どの季節も美しいけれど、 このエリアは
やっぱり秋が最高。

HANSIK GONGANG 한식공간

住所　　ソウル特別市鍾路区栗谷路83空間新社屋 4F
　　　　(서울특별시 종로구 율곡로 83 공간신사옥 4F)

電話番号　+82-2-747-8104　　営業時間　12:00-22:00(Break Time15:00-18:00)
定休日　　日曜日　　　　　　instagram　@hansikgonggan

かぼちゃときのこが
たっぷり入った鍋。
優しいおいしさ〜!

SHOP NUMBER
22

キュイジーヌレストラン
タルシクタク

お店の中心にどーんと佇む黒馬の照明。ジェジュンの豪華な自宅にあったもの(テレビ情報)と同じもの…?と気になってしまうのでした。

もち米と白菜のチヂミ(22,000ウォン・約2,200円)は軽い食感でさっぱりといただけます。癖になる美味しさ。日本語メニューがあるので安心。週末はピーク時間を外していくか、予約をしていく方が安心。ひとり一品注文しないといけないので、複数人で行って色々食べることができたらいいですよね。

カロスキルのモダンな韓国レストラン

地下へ降りると、天井一面に飾られた照明が神秘的…。広々とした空間に個室あり。随所にアートを感じるお店です。料理のコンセプトは"コンテンポラリー・コリアン・キュイジーヌ"。他店にない、一味違う韓国料理をいただけます。例えば、ズッキーニとプルコギの鍋(34,000ウォン・約3,400円)、みかん醤油とイカ焼きのサラダ、キノコのチャプチェなど。まろやかで優しい味の料理が多いので、辛いものが苦手な方にもおすすめ。お店の前には24時間営業の「BROOKLYN THE BURGER JOINT」。ダイナースタイルで内装もドリンクメニューもポップで可愛いので、食後のお茶にもおすすめ。また日本未上陸のインテリアショップ「GRANIT」もすぐ近くにあるので、買い物途中のランチや夕飯にもありがたい立地です。

MAP

タルシクタク 달식탁

住所 ソウル特別市江南区島山大路15キル11 (서울특별시 강남구 도산대로15길11)
電話番号 +82-2-511-9440 営業時間 11:30-23:00(L.O. 22:30)
定休日 不定休

SECTION

04

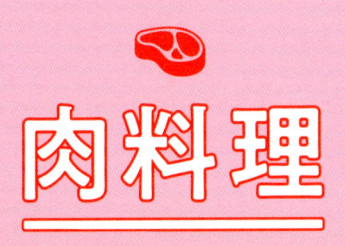

肉料理

GOURMET MEAT DISH

いろんなお肉
がっつりいただきます

韓国で焼肉と言えば「豚」が鉄板。

ブームから定番となった熟成豚のサムギョプサルや、

さっぱりといただけるモクサル、

日本では見たことがない花サムギョプなど、種類も豊富です。

リーズナブルな食堂からちょっと高級な韓牛店まで、

本当においしかった、

現地で人気のマッチプ（おいしい店）を集めました。

ボンサンチプ
鳳山家 本店

ローカルな雰囲気とレトロな店構えが味わい深い。 平日でも18時前は空いていることが多いです。 退勤時間以降は混み合います。

貫禄たっぷり！
オモニが切り盛りする食堂

　ソウル駅からほど近い三角地エリア。 平日はサラリーマンで賑わう、 趣たっぷりな韓国の昔ながらの食堂です。 チャドルバギ(牛あばらの霜降り肉である「ともばら肉」を指す韓国語。 脂が多く薄くスライスされた状態で運ばれてくるのが一般的)を食べるなら、 もうここしか思い浮かばない！ というほどハマりました。 ネギと青唐辛子がたっぷり入った特製タレがとにかくおいしくて、 いくらでもいけそう。 食べた翌日「あ、 また食べたい…」と思ってしまうほど。 さっぱりといただけるので、 年配の方にもおすすめです。 ネギが嫌いで普段はあまり食べませんが、 ボンサンチプは別！ ばっくんばっくん食べています。 ネギとコチュがなくなったら、 オモニが追加してくれますよ。

BONGSANJIB BONJEOM

ネギと青唐辛子をたっぷり巻いていただきますっ! しゃくしゃくの歯ごたえと、辛さもくさみもないさっぱりダレで永遠のループ。

チャドルバギ1人分・130g（22,000ウォン・約2,200円）。6名以上で予約可能。座敷有り。

ごうんごうん唸るような釜で炭火を焼く姿が逞しい…。

締めはホルモンチゲ! コクと深みのあるスープが胃に染み渡ります。チゲの中に白ごはんを入れて食べても GOOD。

鳳山家 本店 봉산집 본점

住所　　ソウル特別市龍山区漢江大路62ナキル24（서울특별시 용산구 한강대로62나길24）
電話番号　+82-2-793-5022　営業時間　11:30-22:00
定休日　祝日

MAP

新沙牛コプチャン 聖水店

聖水・ソウルの森

餅カフェ

ひとりごはん

ダイニング

肉料理

麺料理

外国料理

カルビ

ナイトカフェ

コプチャンモドゥン（盛り合わせ）（18,900ウォン・約1,890円）／1名分

魔法の粉がおいしさの秘密！
韓牛100％のホルモン焼き

　大人気店の1番人気は「コプチャンモドゥン」。 コプチャンは焼かれた状態で出てきますが、 焼き足りないこともあるので、 まずはほくほくのじゃがいもとお餅を。 コプチャンに焦げ目が付いてきたら召し上がれ。 お店の人が焼き加減は見てくれますが、 もし心配な時は「イジェ モゴド デェヨ？（もう食べてもいいですか？）」と聞いてみて。 ジューシーなコプチャンは焼酎によく合うんです。 締めはもちろんポックンパプ！ 卵がしっかり焼けたらかき混ぜて。 ふわふわあつあつでおいしいですよ〜！

　基本メニューに入っている生レバーとセンマイは、 週末はなし。 平日夜遅い時間も売り切れでないことも（日本人のお客さんが来てくれても伝えられなくてもどかしいからとおっしゃっていたのでしっかり伝えておきます）。 ラーメンも付いてきます。

　2011年に新沙店をオープンし、 現在はソウル市内に9店舗。 韓国のブルックリンとして人気の聖水エリアで、 おいしいコプチャンを食べたい時にぜひ。 近くには「Zagmachi」 や「Cafe Onion」など人気カフェがたくさんありますよ。

SINSASOGOBCHANG SEONGSUJEOM

前菜セットについてくるラーメン！斬新なスタイル。

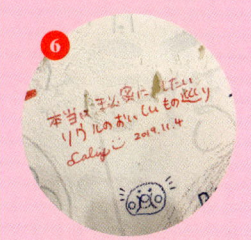

化粧室は扉を出て左隣にある
モーテル「VICTORIA」の入口に
あります。

お茶目な兄さん。取材中たま
たま来店した日本人のお客さ
んのことを「前も来てくれたよ
ね」と覚えていてびっくり。

ニラは生でも食べられるけれど、
焼くとより美味しいですよ。

本のタイトルが決まったから、壁
に記念の落書き。

締めのポックンパプ！卵とごはんの
ハーモニーが絶妙なんです。

新沙牛コプチャン 聖水店 신사소곱창 성수점

住所　　ソウル特別市城東区峨嵯山路90（서울특별시 성동구 아차산로90）
電話番号　+82-2-466-5047　営業時間　16:00-25:00
定休日　不定休　instagram　@sinsano_official

MAP

東大門

クムデジ食堂

店員さんがつきっきりでお世話してくれるので、一番おいしい状態で食べることができます。

ジューシーな熟成豚はやみつき!

アジアを代表する韓国のダンスボーカルグループ「EXO」のメンバー・スホとセフンも訪れた(尊い…)ウェイティング必須の人気店! 肉の旨味を最大限に引き出す特注の鉄板で焼かれる熟成豚は、肉厚で弾力たっぷり! 口に入れた途端弾けるような旨味が広がります。おいっしいぃ…! イギリス産の塩につけてまずは一口。次は特製醤油にネギをのせて。コンロにかかったソースは韓国式アンチョビ。チェジュ島のイワシで作られており深みのあるおいしさですが、少し癖があるので好き嫌いは分かれるかも。脂身の少ないムネ肉(モクサル)→ サムギョプサルの順に食べるのがおすすめ! テーブルに担当のスタッフさんがつき、甲斐甲斐しく肉を焼いてくれる上においしい食べ方まできちんと説明(ただし韓国語)してくれるので、おまかせを。オープンテラスのような雰囲気の最上階は予約制。芸能人・VIP用として使われることが多いのでもし入れたらラッキーです。

GEUMDWAEJISIGDANG

ハネ肉がついている部位はサムギョプサルの中でも一番高級。

キムチチゲはお店の人に頼めばおかゆにしてくれます。

サムギョプサル（1人分170g）
（16,000ウォン・約1,600円）
モクサル（1人分170g）
（17,000ウォン・約1,700円）
トンデジキムチチゲ
（8,000ウォン・約800円）

インテリア、照明に凝ったモダンな内装。食器やグラスがおしゃれなのも人気の理由の一つ。

豚の毛が金色なことから店名を「金豚食堂」とつけたのだそう。

クムデジ食堂 금돼지식당

住所	ソウル特別市中区茶山路149（서울특별시 중구 다산로149）
電話番号	+82-2-2231-0561
定休日	不定休

営業時間　平日 12:00-25:00（BreakTime なし）／
週末 12:00-24:00（BreakTime15:00〜16:00）

MAP

牛酒

ウジュ

高速ターミナルが近いので「GO TO MALL」でお買い物した帰りにどうでしょう？高級感のある綺麗な店内。
2階には個室もあります。

韓国では珍しくランチメニューあり！

　高速ターミナル近くにある、2019年7月にリニューアルオープンした韓牛焼肉店。韓牛は高級肉として知られますが、最近は以前よりも韓国国内で「牛肉」人気が高まっているのだそう。正直、韓牛は高価ですし、牛焼肉は日本で食べたほうがコスパがいいかなと思っていたのですが、こちらはソースがユニーク！「肉」をおいしくいただきながら、楽しめるところがいいのです。柔らか〜なヒレ肉は脂身が少なく一瞬で食べ終えてしまいそうな軽やかさ。スタッフさんがチャキチャキと肉を焼き、カットしてくれます。

　サンジャン（韓国の辛味噌的なもの）、イカのカラスミ＋ブルーチーズ、生わさび、フランス産塩、トリュフ塩を肉の部位や好みに合わせていただきます。イカのカラスミは脂身の多い部位と一緒に食べるのがおすすめ。濃く深い味わいはワインにぴったり。お酒がすすむメニューです。また、韓国では珍しくランチメニューがあり、焼肉定食やユッケ丼など韓牛をお得に堪能できます。

WOOJOO

当店自慢の
A5ランク韓牛!

ランチメニュー例
牛炭火焼定食
（30,000ウォン・約3,000円）
ユッケビビンバとテンジャンチゲセット
（15,000ウォン・約1,500円）

締めは冬ならあつあつのテンジャン粥。
夏はさっぱり冷麺。

ピリ辛のタレとの相性が抜群。

フルーティーなワインのカクテル。

帰るとき、いつも元気に
「さよなら〜!」と挨拶して
くれるシェフ。

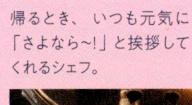

エクセルのスタッフさんがいて、EXOトークで盛り上がった想い出。

牛酒／**WOOJOO** 우주

住所　ソウル特別市瑞草区砂平大路18キル38（서울특별시 서초구 사평대로18길38）
電話番号　+82-2-595-1838　**営業時間**　11:00-22:00（Break Time15:00〜17:00）
定休日　インスタグラム参照　**instagram**　@woojoobeef

MAP

SHOP NUMBER
27

ジョソンオク
朝鮮屋

予算：ひとり40,000〜50,000
ウォン（約4,000〜5,000円）ほど。

「日本人なの？韓国語上手ね〜可愛い可愛い」「野菜と一緒に食べると
おいしいわよ。たくさん食べなさい」とサンチュをサービスしてくれたり、
「この青唐辛子は辛くないから大丈夫よ」とすすめてくれたり、始終母の
ように優しかったスタッフさん。お店の人たちがみんな優しくて実家感。

甘辛ダレがやみつき! 老舗焼肉店の味付けカルビ

　乙支路で1950年代から続くカルビ焼肉の老舗店。おすすめは甘辛い「ヤンニョムカ
ルビ」。日本人が親しみを持ちやすい味で、柔らかくておいしい。韓牛なので少しお
高いですが、お値段分の価値はあると思います。しかも焼かれた状態で出てくるので、
煙の匂いがつかず嬉しい。お店の人がハサミでザクザク切り分けてくれるのでおまかせ
を。サンチュに包んで、野菜と一緒にもりもり食べましょう。キムチや桔梗、ナムルと
あわせて食べても酸味がきいておいしい。オフィス街という場所柄、サラリーマンが多
く、友人と行ったときは私たち以外ほぼ仕事帰りのアジョシ（おじさん）でした。自分た
ちも仕事後の一杯をしに来ているかのような錯覚に陥りそう。乙支路3街駅6番出口か
らすぐ。この通り沿いに「Normala」(P110)、「ACE FOUR CLUB」(P076)もあります。
大通りを挟んだ斜め向かいには汗蒸幕のできる「LK SPA」も。

MAP

朝鮮屋 조선옥

住所　　ソウル特別市中区乙支路15キル8（서울특별시 중구 을지로15길8）
電話番号　+82-2-2266-0333　　営業時間　11:30-22:00（L.O.20:50）
定休日　第2・4日曜日

セビョッチプ 清潭洞店
チョンダンドム

ユッケ（35,000ウォン・約3,500円）／カルビタン（25,000ウォン・約2,500円）／チゲ（各8,000ウォン・約800円）

週末は家族連れも多くアットホームな雰囲気。深夜は謎の業界人らしき人たちも。

少し値は張ってもまた食べたくなる。優しく上品なユッケ。

肉料理

24時間営業！ おいしい高級牛焼肉

　韓国芸能人が来ることも多い有名焼肉店。韓牛焼肉はもちろんおいしいけれど、ちょっとお高めなので、ユッケとチゲやカルビタンをいただくことがほとんど。ユッケを頼むとお店のアジュンマが生卵とユッケをサクサク混ぜてくれます。大粒のユッケはさっぱりとしているのにコクもあっておいしい！ユッケは醤油ダレにつけてノリで巻いて食べるのもおすすめ。白ごはんとも相性バッチリです。コクのあるチゲは、味が濃いめなので焼酎にもあいます。豚チゲはまろやか、イワシチゲは魚介味が強く少しクセがあります。24時間営業なので使い勝手が良く、しかも場所柄（セレブ地区なので治安が良い）深夜でも安心して行けるところも良し。近くのホテルに泊まっていたら（P.127 Aloft Seoul Gangnam）ひとりでサクッと深夜食堂代わりになんてのもいいかも。

MAP

セビョッチプ 清潭洞店 새벽집 청담동점

住所　　ソウル特別市江南区島山大路101キル6（서울특별시 강남구 도산대로101길6）
電話番号　+82-2-546-5739　　営業時間　24時間営業
定休日　　年中無休

コドシク

サービスでついてくるスンドゥブチゲは、出汁がきいていてこれまたおいしい!

韓国では珍しいBBQスタイルの豚焼肉!
遠くても行きたいマッチプ

平日でも行列ができるほど人気の「コドシク」は、店主のこだわりがたっぷり詰まった美食店。遠くても、時間をかけてでも行きたい。どうせ行くならおなかをぺこぺこにして行きたい! お店なのです。肉厚なチェジュの熟成豚が石鍋 (特注!) でジュージュー焼かれる姿は、見ているだけでよだれもの。肉を大きくカットするのもおいしさの秘訣。1番人気の部位はアルドゥンシム (リブロース) ですが、どの部位も本当においしい! 醤油につけて食べるスタイルは韓国では珍しいのだそう。醤油に浸かったネギをたっぷり乗せて(NO臭み)も、わさび、干し明太子を砕いて混ぜた特製粉につけても So nice。

蚕室はソウル中心部からは離れていますが、1988年のオリンピックの際に大きく開発された新都市で、ロッテタワーは家族旅行でも人気のスポット。「コドシク」は、カフェや人気飲食店が集う松理団通り(ソンリダンキル)にあるので、周辺の散策もおすすめ。食後はすぐ近くにある「松坡ナル公園」お散歩もおすすめ。春は桜、秋は紅葉が美しく、湖を眺めながら長閑な時間を過ごすことができます。P144で紹介している「Coin de Paris」も近く。

GODOSIK

アルドゥンシム160g（15,000ウォン・約1,500円）※2人分から注文可能／サムギョプサル 160g（14,000ウォン・約1,400円）／チョンギョプサル 200g（13,000ウォン・約1,300円）

ウェイティング必須の人気店。 特に週末は食事時をずらした早めの時間に行くのがベターです。

韓国の伝統を感じるレンガ作りの建物。 店内も昭和感あるレトロな雰囲気で素敵。

コドシク 고도식

住所	ソウル特別市松坡区百済古墳路45キル28（서울특별시 송파구 백제고분로45길28）
電話番号	+82-2-422-8692
定休日	インスタグラム参照
営業時間	17:00~24:00（L.O. 22:50）※週末は16:00オープン
instagram	@godosik92

MAP

江南駅・三成

教大二階家 本店
キョ デ イ チュン チプ

江南駅からほど近い 地下鉄2・3号線「教大入口駅」からすぐ。

現地のサラリーマンが集うローカルな雰囲気

　おいしい豚焼肉を食べたい時、 つい足が向かってしまうお店。 どの部位も本当においしいけれど、特におすすめなのは「花サムギョプサル」! 丸い薄肉が焼けたらお好みでネギ、コチュジャン、 ミョンイナムルを巻いてパクリ。 キムチで巻いてもおいしいし様々な食べ方を楽しめます。 その時々の "自分だけのベスト巻き" を考えるのもおもしろいですよ。

　チェーン店なのでソウル市内に店舗はたくさんありますが、 本店がやっぱり一番おいしいと感じるんですよね…(#韓国あるある)。 現地人気が高いので平日夜でも人がいっぱい! 夕食ジャストタイムを外した少し早めの時間に行くことをおすすめします。 一等級の韓国産熟成豚は柔らかくて旨味たっぷりですよ!

GYODAEICHEUNGJIB BONJEOM

ネギやミョンイナムルなどお好みに巻いてパクリ!

花サムギョプ（国内産160g）15000ウォン。 最初はお店の人が食べ方のお手本を見せてくれるので、 よく見てみて。

焼肉の締めはやっぱりポックンパプ! 目玉焼きつき♡

おかずがずらりと並ぶと「これから食べるぞ~!」と自然とテンションが上がります。

サービスで海鮮鍋が付いてきます。ピリ辛でおいしい。

教大二階家 本店 교대이층집 본점

住所　　ソウル特別市瑞草区瑞草大路50キル24,2F（서울특별시 서초구 서초대로50길24,2F）
電話番号　+82-2-525-6692　　営業時間　11:00-00:30
定休日　　祝日当日

MAP

SHOP NUMBER
31

トンインドン
東仁洞

私が行った時、たまたま韓国のテレビ番組がお店の取材をしていて、人気ぶりを垣間見ることができました。

① ニンニクが効いたピリ辛ダレは旨味たっぷり。ごはんがすすむ絶品です。東仁洞チムカルビ・トルメウンチムカルビ　1人分 各19,000ウォン（約1,900円）

②

大邱の郷土料理「チムカルビ」をカロスキルで堪能!

　以前、大邱で食べた郷土料理「チムカルビ」。刻みニンニクたっぷりのピリ辛ヤンニョムタレであえた煮込み牛カルビが美味しくて、印象に残っていました（大邱にはチムカルビ通りがあり、かつての韓国大統領が訪れた名店もあります）。そんなチムカルビの老舗店が、ショッピングエリアとして人気の観光地・カロスキルにも。外国人ひとりでの来店ならチムカルビを1人分から注文できる（通常2人分から）という、ありがたいサービスがあります。「辛いもので大丈夫?（メウンゴケンチャナヨ?）」と聞かれたので「問題ないよ〜（ケンチャナヨ〜）!」とアップテンションで答えたものの、あとからヒリヒリとくる辛さ。でもカルビは柔らかいし、ニンニクは効いているしで白いごはんがすすむおいしさなのです。辛いものが苦手な方は「トルメウンチムカルビ」がおすすめ。ひとりで食事していると店主が声をかけてくれたり、スタッフのオモニたちがクルクル元気に働いているアットホームなお店です。

MAP

東仁洞 동인동

住所	ソウル特別市江南区江南大路156キル14（서울특별시 강남구 강남대로156길14）
電話番号	+82-2-516-5765
定休日	日曜日
営業時間	11:00-22:30（BreakTime 15:00-17:00／L.O.22:00）

SHOP NUMBER
32

언주집

オンジュチプ
彦州家 本店

キムチは焼くと酸味が飛んでまろやかに。私は断然焼きキムチ派。サムギョプサルを包んで食べるといくらでも食べられそう！ほくほくの焼いたニンニクも一緒に。

韓国で流行語となった「ニュートロ」を感じるお店。

肉料理

レトロな雰囲気がいい。サムギョプサル店

　地下鉄9号線・彦州駅5番出口から徒歩10分。 平日でも週末でもいつ行っても賑わっている人気店です。 ビニールのテーブルクロスとキッチュな雑貨、 昔のスタイルままな折りたたみ椅子。 レトロなセンスが光るインテリアが可愛くて、 落ち着くのですよね。ここはネギのコチュジャン和えが他店とは違い生卵入り。 よく混ぜると風味がまろやかになります。 サムギョプサル（12,000ウォン・約1,200円） と一緒にいただきましょう。 また、辛いもの好きさんにはコプチャンプルコギ（12,000ウォン・約1,200円）もおすすめ。お肉プルプル、 濃厚なタレもおいしいですよ！ そして人気すぎて各テーブル1人分しか注文できない「コプテギ（껍데기）」（9,000ウォン・約900円）ももしあればぜひチャレンジを。豚皮はコラーゲンたっぷり。モッチモチコリコリした食感でゆっくり噛み締めながら、焼酎を一緒に味わうのもオツ。 韓国で大人気の一品です。

MAP

彦州家 本店 언주집 본점

住所	ソウル特別市江南区彦州路107キル23（서울특별시 강남구 언주로107길23）
電話番号	+82-2-561-3330　営業時間　17:00-26:00
定休日	日曜日

SECTION

05

あつあつ鍋料理

HOT POT DISH

ソウルの寒さが
旨味のスパイス

ソウルの冬は寒さとの戦い。

綺麗なコートよりもペディン（ダウンコート）とヒートテックで、

いかに防寒をするかが課題なまさにDead or Alive。

そんな極寒の中あっつあつの鍋料理を食べる幸せときたら...！

もちろんいつ食べてもおいしいけれど、

冬の雰囲気も相まってよりおいしいと感じるのですよね。

鶏林食堂 <ruby>鍾路本店<rt>チョンノ</rt></ruby>

（ケリムシクタン）

① ハングルの看板が並ぶこの雰囲気、ローカルな韓国感にグッときます。そしてこちら、お持ち帰りも可能です。注文するときに「ポジャンヘジュセヨ」と伝えてみてください。

私は韓国に通い出してタットリタンという料理があることを知りました。日本ではあまり見かけない、鶏肉をピリ辛のスープで煮込んだ韓国料理です。

鍾路で人気のタットリタン!

　現地のおいしいものは現地の人に聞けとはよく言ったもので、乙支路にオフィスのある雑誌「favorite magazine」の2人が教えてくれたお店。「この近くにあるタットリタンの店、すごくおいしいし人気だよ!」と聞き行ってみると、平日夜でもウェイティングが出来るほどの人気ぶり。30分ほど待ち入店できました。メニューはタットリタンのみなので、席に着くやいなや、すりおろしにんにくがたっぷり入ったタットリタンがドン! と出てきます。グツグツ煮立ってきたら、まずはスープを一口。待っている間に冷えた体を、ピリ辛スープがじんわりと温めてくれます。ホロホロになった鶏肉から出るダシとにんにくの旨味で、味に深みがあっておいしい! 〆はもちろんカルグクスを。スタッフアジュンマたちが猛々しく鍋を取り分けてくれることもあるので、白い服は着ていかない方が良いに一票。

鶏林食堂 鍾路本店 계림식당 종로본점

MAP

住所	ソウル特別市鍾路区敦化門路4キル39（서울특별시 종로구 돈화문로4길39）
電話番号	+82-2-2266-6962　**営業時間** 11:30-21:50（Break Time 15:30-16:30）
定休日	日曜日

乙支路・忠武路・南山

朝カフェ

にわかごはん

ダイニング

肉料理

鍋料理

韓国料理

カフェ

バー・レストラン

SHOP NUMBER
34

ウンジュジョン

レトロな
ネオン看板が
一周回って
おしゃれ

酸味のあるピリ辛スープがおいしい！温野菜がたっぷりとれるのも良い。

焼いたキムチが大好き。野菜と一緒にいただきます！

新鮮な野菜がたっぷりとれるのも嬉しい。おいしいけれど、焼肉は煙で服に匂いがつきやすいのが難点。こちらはアウターを入れるビニール袋あり。

ソウル三代キムチチゲ！路地裏にある老舗店

　芳山総合市場近くで1986年から営業しているキムチチゲの老舗店。1、2階、別館とありますが夜はいつも観光客や仕事帰りのサラリーマン、地元の人たちで賑わっています。自家製キムチを使ったチゲが長年人気で、以前、韓国のテレビ番組でソウル三大キムチチゲと紹介されたことも。昼はチゲのみ、夜はサムギョプサルとチゲがセットで出てきます。注文しなくても、レトロなユニフォームを来たアジュンマがサクサクと肉を焼いてくれるので、焼けたらお好みの葉にくるんでパクリ。こちらは葉の種類が豊富なところもポイントです。サムギョプサルを食べ終えたら、いよいよキムチチゲ！コクのあるチゲには豚肉がたっぷり。乙支路4街駅から徒歩5分ほど。少し分かりづらい路地裏にあるので、ご注意を。

MAP

ウンジュジョン 은주정

住所	ソウル特別市中区昌慶宮路8キル32（서울특별시 중구 창경궁로8길32）
電話番号	+82-2-2265-4669　　**営業時間** 11:30-22:00
定休日	日・祝日

三清洞・ソウル北部

カントンマンドゥ

地下鉄3号線・安国駅近く。「Cafe Layerd」と「Onion 安国」も近いですよ。

マンドゥチョンゴル2-3人分 35,000ウォン（約3,500円）・3-4人分 45,000ウォン（約4,500円）／カルマンドゥ9,500ウォン（約950円）

鍋料理

マンドゥ鍋でほふほふあたたまろう

　狭い小道にぽつんと佇んでいるにも関わらず、平日のランチタイムは付近のサラリーマンや観光客でいっぱい！ウェイティングすることもざらな人気店です。清潔感のある食堂で、快活なアジュンマスタッフたちも気持ち良い。おすすめはもちろん看板メニューの「マンドゥチョンゴル（만두전골）」！

　2人でも食べきれないことがあるほど、ボリュームたっぷり。爆弾のようなごろっとした大きなマンドゥは、脂身が少ないのでさっぱり。グツグツ煮立つ蜜柑色のスープを見ているだけで食欲をそそられる、魅惑の鍋です。ピリ辛スープのおいしさが沁み入る…さながら2PMのJun.k先生のような優しさも感じます。

　ひとりごはんのときや、辛いものが苦手な人にはまろやかな「カルマンドゥ（うどん＋マンドゥ）」がおすすめ。

カントンマンドゥ 깡통만두

MAP

住所	ソウル特別市鍾路区北村路2キル5-6（서울특별시 종로구 북촌로2길5-6）
電話番号	+82-2-794-4243
定休日	日曜日

営業時間　11:30-21:30（BreakTime15:30-17:00）
土曜日は20:00まで ※BreakTimeもなし

シングルボングルポッコ 鍾路店
<small>チョンノ</small>

鍋料理

フグ鍋17,000ウォン（約1,700円・2人分から注文可能）／フグ定食A1人 30,000ウォン（約3,000円）。サラダ、フグ皮和え物、天ぷら、メウタン or フグチリ、デザートのお得なセットも。

ひとり鍋したいときに嬉しい「フグチリ」（9,000ウォン／約900円）も！フグが煮えているか不安な時は「イゴ モゴドドゥエヨ？（これ食べてもいいですか？）」と聞いてみてください。

ふぐ＋ソチュ（焼酎）でソウルの寒さを乗り切る！

　韓国に来たばかりの頃、お酒好きのソウルっ子においしい店があると連れて来てもらったフグ鍋のお店。韓国でもフグを食べるんだ?! と驚いたものです。こちらでは、日本よりもリーズナブルな値段で一味違うフグ鍋をいただけます。韓国の食堂や居酒屋でよく見かける、怒ってるの?! と勘違いしてしまうほどの大音量で熱く話すおじさん（結果楽しそう）やサラリーマン、夫婦連れなど年配層が多く、鍾路らしさを感じる客層。「フグは煮えるのに時間がかかるから先に野菜を食べなさい」と、もやしとミナリ（セリ）をよそってくれるスタッフアジュンマ。フグから出る出汁が、淡白なのに旨味たっぷりでおいしい！日本のフグは身が柔らかくホロホロっとなるけれど韓国のフグは弾力があり、もっと強い食感です。わさび醤油や特製ダレをつけていただきます。私はピリ辛の特製ダレをスープで溶いて食べるのがお気に入り。韓国の焼酎と一緒に食べれば、体がポカポカ温まって心地良い…しびれるくらい寒いソウルだからこそ、より一層おいしく感じるのでした。

MAP

シングルボングルポッコ 鍾路店 싱글벙글복어 종로점

住所	ソウル特別市鍾路区敦化門路11キル30（서울특별시 종로구 돈화문로11길 30）
電話番号	+82-2-743-0787 　**営業時間** 11:00-22:00（週末は21:00閉店）
定休日	不定休

忠武路チュクミプルコギ 忠武路本店

チュンムロ　　　　　　　　　　　　　　　チュンムロ

「忠武路 地下鉄駅5番出口 ノンヒョッオブ テド薬局路地裏」と店内にお店の場所を知らせる掲示が。 酔っ払って、 現在地をタクシーの運転手さんに説明できなくなった人のために書いてるんじゃ…? という結論に。 元気で良い。

ふつうのチュクミは鉄鍋で炒め煮るのだけども、こちらの老舗店は番外編。

鍋料理

番外編! 老舗チュクミ店でタコをほおばる

　韓国ではイイダコをチュクミと言い、 ナッチ(テナガダコ)ポックムとともに激辛料理として人気です。 日本ではなかなか食べることのできないチュクミは、 韓国にいるからこそ食べられるもののひとつ! 辛さは店舗によって異なりますが、 鍋で唐辛子とコチュジャンで辛く炒めたぷりぷりのタコは、 口の中がヒリヒリしたっておいしい。 チーズフォンデュのように食べる店もあり、 ケンニッやサンチュに包んでもおいしい。 こちらは他の店とは違い、 鍋ではなく鉄板で焼く、 ソウル初のチュクミの炭火焼料理店。 18時に行った時はガラガラだったものの30分もしないうちに、 チュクミをつまみに焼酎で顔を赤らめたサラリーマンで一気ににぎやかに。 チュクミは2人分(28,000ウォン・約2,800円)。 貝柱(19,000ウォン・約1,900円)。 メニューにはなぜかカイバシと書かれていてお店の人に確認しても、 カイバシカイバシと言われ、 あと一文字なのに、 カイバシで終わるのが不思議…でした(韓国語だとキジョゲ)。

忠武路チュクミプルコギ 忠武路本店 쭈꾸미불고기 충무로본점

MAP

住所	ソウル特別市中区退渓路31キル11 (서울특별시 중구 퇴계로31길11)
電話番号	+82-2-2279-0803　　営業時間 12:00-22:00／±12:00-21:30
定休日	日曜日

SECTION

06

外国料理

FOREIGN CUISINE

日本とは違う
雰囲気と味を楽しむ

街を歩いているとよく目に入るのが外国料理の看板。

中華料理やイタリアン、ベトナムにタイのアジア料理など。

日本とは違うメニューを味わえるおもしろさもあります。

韓国料理だけでなく、ソウルで暮らしているみたいに、

時には目先の変わった料理を食べたい人へ。

lemon glass

スタッフさんたちがとても親切なのは、微笑みの国の料理だから…?

韓国はここ最近、ひとりごはんできる店が増えてきたとは言え、まだまだ日本よりは少ないです。外国料理だからこそ、韓国式縛りからちょっと解放され、ひとりでものびのびと食事ができるのかも。

朝カフェ / ひとりごはん / タイニング / 肉料理 / 麺料理

🍴🌍 外国料理

ハシゴ / テイクアウト

グリーンを囲む不思議なテーブル

　数年前、韓国ではベトナム料理ブームが起こり、人気店には長蛇の列が出来ていました。私も韓国で食べる東南アジア料理が大好き。フォー（韓国だとサルグクスという）やチャーハンなどひとりで食べられるメニューが豊富なところも、よく行く理由のひとつですが。たまに無性に、あの香辛料の効いた甘辛い料理を食べたくなるのです。聖水カフェ巡り中のランチによく訪れているのが、タイ料理店「lemon glass」。スクエアの芝生を囲んで食事ができるユニークなテーブルに視線集中。都市部で忙しく働く人たちに、安らぎを与えたいと緑溢れる空間を作ったのだそう。カフェのように寛げるナチュラルなインテリア、切り株のプレートで出てくるパッタイが、これまたサービス精神旺盛。タイのビール・チャーンやワインもありますよ。

---

lemon glass 레몬그라스

住所	ソウル特別市城東区練武場キル41-26（서울특별시 성동구 연무장길41-26）
電話番号	+82-10-4459-7022
営業時間	平日 11:30-15:00（L.O.13:50）17:00-21:30（L.O.20:50）／週末 Lunch 12:00-15:00 Dinner 17:00-22:00
定休日	月・火曜日
instagram	@lemongrass.seongsu

MAP

梨泰院・龍山

朝カフェ

ひとりごはん

ダイニング

肉料理

鍋料理

外国料理

カフェ

ハレゴビ

ナイトアウト

OSTERIA ORZO HANNAM

ミシュラン2020獲得。 木のぬくもりを感じるカジュアルなレストラン。

全部食べたい! おいしいイタリアン

　キム・ホユンシェフが腕をふるう「OSTERIA ORZO」は、 漢南洞の一角にひっそりと佇むイタリアンレストラン。 テレビに出演するくらい有名なシェフだと聞いていたので、 緊張していたもののカジュアルな雰囲気のオステリアでホッ。 気取らないあたたかさのある雰囲気が好きです。「有名なシェフ(スターシェフ)は自分で料理を作らなくなることが多いけれど、 キムシェフはちゃんと厨房に立って作っているんだよ」と食いしん坊友達。それだけでグッと信頼感が上がってしまいました。 ウニのパスタも牛ミンチのパスタも、口元がほころぶおいしさ。 何を食べても絶品なのです。 ワインもいいし、 お酒が飲めない人はペリエでスッキリあわせるのもいいですね。 人気店のため電話予約をしていくのがベター。 または平日早めの時間を狙ってみて。

OSTERIA ORZO HANNAM

スタッフさんが一口サイズにくるくると巻いてくれるビーフカルパッチョ。 鮮やかな手さばき…そして口に入れた瞬間とろける牛。 ルッコラとクルミのじゃくじゃくとした歯ごたえもよく、 相性抜群なのでいくらでも食べることができる。 いや、 食べたい。

トリュフフレンチフライ。 間違いないおいしさですよね。 ネットフリックスを観ながら、 家でもずっと食べていたい。 サランへ。

隣にはミスティック企画という芸能事務所があるので、 謎に若者が集まっていることも(イベント? 出待ち?)。 P034「gnocchibar」はすぐそこ。 芸能人や富裕層が住むエリアなのでマッチブ(美食店)が多いのだとか。

風味豊かなウニパスタ(29,000ウォン・約2,900円)。 よく混ぜていただきます。

ビーフカルパッチョ
28,000ウォン(約2,800円)

OSTERIA ORZO HANNAM 오스테리아 오르조 한남

住所 ソウル特別市龍山区漢南大路20キル47 (서울특별시 용산구 한남대로20길47)
電話番号 +82-2-322-0801 営業時間 12:00-22:00 (BreakTime15:00-17:30)
定休日 不定休

MAP

SHOP NUMBER
40

ヨンギョ
延餃

近くにあるトンジン市場では、金曜日~日曜日の午後にかけてフリーマーケットが開催されています。若手クリエイターの作品やハンドメイドアクセサリーなども販売しているので、ぶらぶら散策もおすすめ。

小籠包6P 7,500ウォン（約750円）
チョンシッチキンカス8,000ウォン（約800円）

朝カフェ / ひとりごはん / ダイニング / 肉料理 / 鍋料理 / 外国料理 / しめ / ナイトアウト

安くておいしい中華料理を食べるなら!

　韓国で食べる中華料理は、ジャジャン麺やタンスユク(酢豚のこと)など日本にはない料理が味わえて大好き! 特に、カフェエリアとして人気の延南洞から北の延禧洞にかけては、安くておいしい中華料理店の宝庫。韓国漢城華僑中高等学校があることから、中国人が多く住むリトルチャイナタウンとしても有名です。厚い生地に包まれた肉汁じゅわぁのマンドゥもおいしいし(旨味汁を逃さないで!)、カリカリに焼かれた香ばしい鶏皮と柔らかな身がそそるチョンシッチキンカス。どれもボリュームタップリで、おいしくて、安い! 中国の家ってこんな感じなのかな? と妄想させる、庶民的な中国料理店です。カフェ巡り途中にしょっぱいものが食べたくなったときにも、サクッと入れる立地も良心的なお値段も最高なのです。

MAP

延餃　연교

住所　　ソウル特別市麻浦区延禧路1キル65（서울특별시 마포구 연희로1길65）
電話番号　+82-2-333-4561　　営業時間　11:30-24:00 (L.O.23:30)
定休日　水曜日

LA PHO

真っ青な青空のLAでスケボーをしている映像が延々と流れるTV。ちょっと不思議だけど意外と癒されます。

テーブルクロスは販売をしているので購入可能。グッズも可愛い飲食店。

カロスキルでベトナムキュイジーヌを

カロスキルで無性にアジアごはんを食べたくなった時に行くお店。「OUR Bakery」「烏山粉食」などソウルの人気飲食店を手掛けるCNP FOODのお店ですから、인싸※じゃないわけがない。韓国モデルや芸能人もよく訪れるスポットです。LAにあるベトナム料理店を表現したという店内は明るくてカジュアル。スタッフさんがみんな垢抜けていてシティボーイ感たっぷり。さらっとしたものを食べたい時は、シグネチャーメニューのフォーがおすすめ。海老入りの焼飯も大好き。ここは何を食べてもハズレなし!カロスキルにあるのでランチや夕食のひとりごはんにも。気軽に使えるマッチプです。
※インサ/韓国のスラングで人気者・イケてること。

LA PHO 엘에이포

住所	ソウル特別市江南区江南大路160キル35-5（서울특별시 강남구 강남대로160길35-5）
電話番号	+82-2-518-5061
定休日	インスタグラム参照

営業時間 12:00-21:00（L.O.20:00）
instagram @lapho_people

MAP

鍋包肉
14,000원(くらい/10,000円くらい)

SHOP NUMBER
42

辣工房 <ruby>辣工房<rt>ラコンバン</rt></ruby> 江南1号本店 <ruby>江南<rt>カンナム</rt></ruby>

全部入れたらどうなっちゃうの!? レベルの種類の豊富さ。

週2,3回通っていたほどハマった料理。 好きな具材だけを思いっきり投入できるところも、 いい。 大人になって良かった。

韓国で旋風を巻き起こした激辛中国料理

　2019年韓国で大人気だったマーラータン。 すでに定番人気メニューとなっているようですが、 夏はすごかった。 江南駅の繁華街にマーラータンの店が続々とオープンし、 どこもウェイティングができるほど人気だったのです。 セルフバーで食べたい分だけ野菜や肉、 こんにゃく類、 団子などなどボウルに入れてレジへ。 麺の種類や辛さも選べます。 韓国で最上級に辛いと言われるものは、 おなかを壊す可能性があるくらい辛いのでご注意を。はじめは低いレベルから挑戦するのがベター。 油断すると口のなかが火傷します…。 苦味と辛味が加わるので、 私はパクチーを入れて食べるのも好き。 この旨味とジャンク感がクセになるおいしさ。 2人以上で行く時はそれぞれ全く違うコンセプトにして、 食べ比べてみるのも楽しいですよ。

MAP

辣工房 江南1号本店 라공방 강남1호본점

住所	ソウル特別市江南区テヘラン路4キル6 (서울특별시 강남구 테헤란로4길6)
電話番号	+82-2-562-0825　　**営業時間**　11:00-23:00
定休日	年中無休

韓国文化に触れてみるコラム

TITLE: **礼儀正しいお節介(?)**

　私は今、ソウルでの暮らしをベースに日本と行き来する生活をしていますが、日本との文化の違いにカルチャーショックをうけることが多かったのですね。例えば、出会って5分以内に年齢を聞かれること。まだお互い名前くらいしか知らないのに、「何歳なの?!」と突然聞かれ、ドギマギすること多々ありけり。

(ビジネスの場ではほとんど聞かれたことがない。また海外留学経験のある人からはあまり聞かれない by 東山調べ)

　目上の人を大切にする文化(feat. 儒教)がありますから、敬語を使うのか使わないのかの確認、自分の立場をはっきりとさせるため、というのは分かっていながらも、ド?! ギョギョとなってしまうんですよね…もちろん、何にでも良い面と悪い面があるように、電車の中でお年寄りに当然のようにサッと席を譲るところ(優先席と妊婦席に座る若者が皆無)や両親はもちろん、年配の人に対して丁寧で、礼儀正しく接する姿は見ていてとても素敵だなと思います。

　一方おばさま方は、「靴紐が取れてるから危ないわよ。」「バッグのチャックが開いたままよ。」と教えてくれたり、「その服綺麗ね。どこで買ったの?」と突然聞いてきたり…。礼儀正しさと優しいお節介のバランスがトンチキで、楽しい。

　また、韓国の人たちが日常的に使う「パプモゴッソ?(ご飯食べた?)」という言葉も好きです。これから一緒にご飯行こうという誘いではなく、ただの挨拶なのですが、食事を大切にする韓国人の文化的背景を感じるし、気楽な挨拶がわりだとわかっていながらも、相手を気遣う愛を感じるのです。

SECTION

07

ハレノヒ

SPECIAL DAY

非日常を味わう
スペシャルなお店

カジュアルな店、親しみやすい店もいいけれど、

時にはちょっと奮発して、

敷居が高いと感じる店にトライしてみるのはどうでしょう?

私も仕事を頑張った時やお祝いごとがある時など

「たまにはいいよね」と自分を奮い立たせる意味も込めて、

非日常を楽しみに行くことも。

晴れやかだけど日常の中にある、足を運びやすい店を集めました。

韓国作家の
器も美しい！

mingles

狎鴎亭・清凉洞

朝カフェ
ひとりごはん
ダイニング
肉料理
麺料理
外国料理
ハレノヒ
オフ・アワー

木製の家具に洗練されたモダンなインテリア。 飾り気はなくシンプルで窓からは美しい紅葉が。 本当の贅沢を味わえる、 ゆっくりとした時間の流れる落ち着いた空間です。

自然を感じながら一品一品を味わう

　韓国を代表するスターシェフ・カン氏が率いるコンテンポラリー韓国料理レストラン。 ミシュラン ソウル版2つ星獲得、 アジアのベストレストラン50選出と聞いただけでいかにも敷居が高そうでずっと躊躇していましたが、 コーディネーターとして経験しておくべきでは？ というのと、 果たしてひとりで食事をして楽しめるのか、 どんな料理をいただけるのか気になり、 行ってみました。 狎鴎亭ロデオの小道に入ったビルの2F。 韓国産の食材にこだわり、 旬の素材を活かした料理は一品一品が芸術品のように美しく、 じっと眺めてしまうほど。 そもそも素材が抜群に美味。 きめ細やかなサービスをしてくれる優しいスタッフさんたちにも心解ける時間。 ひとりでも快適に食事を堪能できますが家族や友人、 恋人と一緒に訪れ「これ綺麗だね、 はじめて食べた！」などと語りながらじっくり食事を味わいたいお店です。 季節ごとの料理を楽しめるコースは90,000ウォン（約9,000円）～。 HPから予約可能です。

---

mingles 밍글스

住所	ソウル特別市江南区島山大路67キル19（서울특별시 강남구 도산대로67길19）
電話番号	+82-2-515-7306　営業時間　12:00-22:30（Break Time 15:00～18:00）
定休日	月曜日　instagram　@mingles_restaurant

MAP

朝カフェ

ひとりごはん

ダイニング

肉料理

麺料理

外国料理

ハレノヒ
ナイトアウト

羅宴 新羅ホテル
ラ エン シン ラ

背筋がシャンとする、韓国の伝統美を感じる空間。世界的デザイナーのピーター・レメディオス氏が担当し、各方面の専門家にも諮問し、完成させたのだそう。

特別な日に行きたい。格式高い韓国レストラン

「礼と格式を備えた、最高の韓国料理ダイニング」をコンセプトに、伝統の味を上品に表現した料理が人気です。食材が持っている素材を最上まで引き出せるように研究したり、朝鮮時代の料理を昔の文献や資料から勉強したりと、日々弛まず努力を続け、メニューを開発しているのだそう。どの料理も素材からもう、素晴らしくおいしいのですよ。きちんとこの料理に見合う人間でいなければ…! と思わせられる、不思議な力があります。両親の還暦祝いやお祝いごとがあるときにぴったりのまさに「ハレの日レストラン」。ちなみに個室ではお見合いも多いそうですよ(気になる)。アジアのベストレストラン50にも選ばれ、2016年から4年連続でミシュラン三つ星を獲得している名店。ディナーは特になかなか予約が取れないので、早めの連絡を(オンラインから予約可能)。

格式高いレストランの
シェフ…どれだけ荘厳で
厳しい方なんだろうと緊張
していたものの、とても
物腰の柔らかい優しい方で
びっくり。

THE SHILLA SEOUL

南山を眺めながらいただく韓牛。

北京ダックのように具材を巻いていただく前菜。素材の
味が重なるのが韓国らしい。

料理を盛る器は、陶芸家のイ・ギジョ氏とラ・
ギファン氏に発注し、すべて特別にあつらえ
たもの。美しい器は食事の楽しみを倍増させ
てくれます。

羅宴 新羅ホテル 라연 신라호텔

住所	ソウル特別市中区東湖路249 新羅ホテル 23F （서울특별시 중구 동호로249 신라호텔 23F）
電話番号	+82-2-2230-3367　**営業時間** 12:00-22:00（Break Time14:30-18:00／ L.O.14:00・21:30）
定休日	年中無休

狎鴎亭・清潭洞

朝カフェ

ひとりごはん

ダイニング

肉料理

鍋料理

外国料理

ハレノヒ

ナイトアウト

SHOP NUMBER
45
ヨントンミンムルチャンオ
永東鰻

まさに「ハレ」を感じる逸品。 切り分けられた鰻はネギと一緒にいただきます。

あさりの入った冷麺はさっぱり優しいおいしさ。 鰻を食べるときは、甘いお酒・覆盆子（ポップンジャ）を一緒に呑むのが韓国流。

韓国でも鰻は人気! まるっと一匹いただきます

2019年10月・江南にオープンしたばかりの鰻専門店。 韓国でわざわざ鰻？と思われる方もいるかもしれませんが、日本とは一味違うおいしさを楽しむことができます。 まず、樽にどっしりと入った鰻のお目見え。 スタッフさんが目の前で鰻を焼いて切ってと、 すべて切り盛りしてくれます。 最初は何もつけずに素材をそのまま味わい、 次は、 鰻の骨で作られた特製タレをつけ、 お好みで生しょうがも一緒にどうぞ。 3段階目からは、 葉に巻いてわさびをつけて食べたり、 白キムチに巻いて食べたり、 色々な味を楽しむことができます。 韓国の鰻は弾力がすごく、 脂っこさがなく淡白でおいしい! 韓国の人たちは弾力のある食感が好きだと聞きますから、 食感も含めて楽しむ料理なのかもしれません。 ちょっと気分を上げたい時やお祝い事の時なんかに足を運びたいお店です。 江華干潟鰻1人分75,000ウォン（約7,500円）。※1匹3人以上で注文可能。

MAP

永東鰻　영동민물장어

住所	ソウル特別市江南区彦州路148キル8 （서울특별시 강남구 언주로148길8）
電話番号	+82-2-3448-9991　営業時間　11:00-23:00
定休日	不定休

SECTION

08

ナイトアウト

NIGHT OUT

カウンターで
大人時間を満喫

週末の夜にひとりでいると話すと、

韓国人の友達から「週末なのに遊ばないの??」と言われるほど、

週末は朝まで遊ぶぞ精神な韓国。

若者が元気でいいね! せっかくのソウル旅行。

夜だって思い切り楽しみたい時に空間と雰囲気を楽しめて、

優しいバーテンさんたちがいる店を集めました。

ACE FOUR CLUB

カウンターにはお酒とグラスがずらり。 日本のウィスキーの品揃えもなかなかのもの。

老舗の喫茶店が
クラシカルなCafe&Barに変身

　65年間続いた「梨花喫茶店」に新たな息吹を入れ、2019年10月にオープンした「ACE FOUR CLUB」。 扉（이화다방／梨花喫茶店と書かれている）と床は喫茶店時代にあったものをそのまま使い、クラシカルな木製のバーカウンターだけ新しく作ったのだそう。 オーナー夫妻がひとつひとつこだわって集めたビンテージ家具やグラス、 アンティークの小物も素敵です。「最近韓国ではひとつの空間が長く残ることが滅多にないので、 昔からある喫茶店の姿を最大限活かし、 若者からお年寄りまで幅広い世代の人たちが気軽に時間を過ごせる場所にしたい。 歳月の跡がある場所は安らぎを感じさせてくれる魔法のようだと思います」とオーナー。 女性ひとりでもゆっくりと寛げる、 心地良い空間です。

ACE FOUR CLUB

ヴィンテージステレオから流れるのはブルース、クラシック、ロックとジャンルは違えど古き良き時代を感じる曲ばかり。

乙支路3街駅1番出口を出てすぐ。 裏には「ホリデイインエクスプレス（ホテル）」があり、 大通りを挟んだ斜め前には朝早くから開いているカフェ「Hi there」も。

代表メニュー
Ace Four Club Special
Old Fashioned of Mr.Lim /
Gimlet of Mr.Kweon 各14,000
ウォン（約1,400円）

ひとりカウンターで呑んでいると「お酒の味はどう？大丈夫？」と気にかけてくれたり、 アルコールの分量を弱めに調整してくれたり、 優しいスタッフさんたち。

ACE FOUR CLUB 에이스포클럽

MAP

住所 ソウル特別市中区乙支路105,2F（서울특별시 중구 을지로105,2F）

電話番号 なし　**営業時間** 月〜木 17:00-25:00／金・土 17:00-26:00／日 17:00-24:00

instagram @acefourclub

MXL

ADER ERRORの世界観が好きな方に響きそうな、近未来お洒落感。

「ここは顔が綺麗にみえるでしょ? お酒を飲んだらどうせ顔が赤くなるんだから、 火照りが目立たないような照明にしたの」とオーナー。

スンドゥブパスタ（21,000ウォン・約2,100円）Hand Drip Coffee（5,000ウォン・約500円）Grapefruit Ade（6,000ウォン・約600円）Original Milk Tea（HOT）（6,000ウォン・約600円）

ディープなエリア・乙支路の隠れ家ワインバーが可愛い!

　20～30代のソウルの大人女子に人気のワインバー。 コーラルピンクの石壁がとても可愛くてテンションがグッと上がります。 カウンターだけでなくテーブル席もあるので、 ソウルでの女子会にもいいかも。 夜遅い便で到着した時や深夜ごはんにもおすすめです。 1番人気は「スンドゥブパスタ（ペンネ）」。 クリームソースに麻辣がピリッと効いていて、 おいしい。 そしてペンネに豆腐というスタイルが新鮮…! ワインはもちろん、 コーヒーや紅茶、 ジュースの種類が豊富なところもさすが女性オーナーといった印象。 乙支路3街駅からすぐですが、 ディープな街かつ小道に入った場所にあるので、 初韓国の方や夜道が怖い方はひとりで行くより、 友達と一緒に行くほうが安心かも。

MAP

MXL 믹스드라인

住所	ソウル特別市中区忠武路5キル18 (서울특별시 중구 충무로 5 길 18)
電話番号	+82-2-2269-1319
定休日	日曜日

営業時間　18:00-24:30 (±17:00 OPEN)
instagram　@mxl.euljiro

ffavorite

いつもローカルな乙支路情報を教えてくれるふたり。

スマホケースやポストカードなどグッズも販売中。

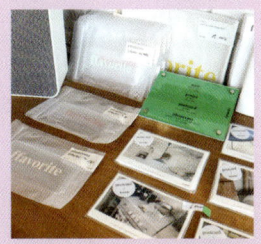

❶ ショップは不定期営業なので、お店のインスタグラムで営業日をチェック! バックナンバーを含めた雑誌を読むことも購入も可能。日本の雑誌も置かれていますよ。コーヒー、ビール、ワインをおともに。

❷

エディター2人の隠れ家におじゃまします

　韓国発 "Life inspiration magazine"「favorite magazine」。毎号1テーマで、好きな仕事を選択し有意義な時間を過ごしている人々の話をインタビュー形式でまとめた雑誌です。「-like your life- この雑誌に出てくる人たちの人生のように、あなたの人生を好きになってください。インタビューに出てくる人たちの話を通して、忘れていた好きなことへのときめきや、仕事や人生にやりがいを感じることができることを願っています」というメッセージを込めて毎号制作しているのだそう（韓国の若者のライフスタイルの変化を感じる）。エディター2人のスタジオでありショップでもあり、イベントも開催。本、音楽、アートと韓国の現代カルチャーを浴びることのできる場所です。

MAP

ffavorite 페이보릿

住所　　ソウル特別市中区清渓川路 166-1,5F （서울특별시 중구 청계천로 166-1.5F）
電話番号　なし　　営業時間　　毎週インスタグラムで告知
instagram　@ffavorite_official

Bar 熟喜 -SookHee-

この機会にソウルナイトデビューはいかが？

お酒が弱いためたった1杯でほろ酔い。燃費がいい女とは私のことです。
バーテンダーさんにお願いすればアルコールの量も調整してくれますよ。
種類によりますが2、3杯なら一人40,000～60,000ウォン程。

コースターには店主のお母様が描かれた絵が。綺麗。

クラシカルなバーで異国の夜を過ごす

　ナイトアウトしてみたいけど韓国語も英語も喋れないしコミュニケーションが取れないと楽しくなさそう。と二の足を踏んでいる方に朗報。地下鉄2号線「乙支路3街駅」1番出口から徒歩3分。P076で紹介した「ACE FOUR CLUB」の目と鼻の先にあるクラシカルなバー「熟喜」は日本語が通じます。東京・銀座でバーテン修行をした経験のある店主は日本語堪能で、もしかして日本人より上手いかも？と思うレベル。インテリアは重厚感がありますが雰囲気はいたって軽快。カウンター越しに店主と気楽に会話をしながらお酒を楽しめるのも嬉しいのです。「お客様にはいつでも安心してお越し頂きたい」と年中無休で営業。また出勤前はスタッフみんなでおいしいものを食べることが日課なのだそう。どんなお酒を飲みたいか、希望を伝えれば応えてくれますよ。にこやかなバーテンダーさんとソウルの夜を楽しんで。

MAP

Bar 熟喜 -SookHee- 숙희

住所	ソウル特別市中区三一大路12キル27,2F（서울특별시 중구 삼일대로12 길 27,2F）
電話番号	+82-10-2978-7950	営業時間	18:30-25:00
定休日	年中無休	instagram	@soowonopa-sookhee

Oriole

お店に向かって左隣の階段はなぜかフォトスポットに。海外旅行者が入れ替わり立ち替わり撮影をしていて「?」。確かに階段の奥に見えるソウルの町並みは綺麗だけども。

解放村は深夜まで開いているお店が少ないから貴重な場所。

夜景も綺麗!

夕暮れ時が最高! ソウルビューを眺めに

　解放村にあるカフェ兼ダイニング兼バー。ソウルを一望できる夜景が最高だと思っていたのですが…こちらの夕焼けが美しすぎて降参。窓から差し込む蜜柑色の光が本当に綺麗。夕焼けの洪水をみているようなのです。夕暮れ時に自然と足が向くことも。幻想的でず〜っとこの場所にいたくなるくらい素晴らしい光たち。春秋は日中、夏は夜、冬は夕暮れ時がおすすめタイム。夏にソウルの夜景を眺めながら飲むお酒は最高です。

MAP

Oriole 오리올

住所	ソウル特別市龍山区新興路20キル43 (서울특별시 용산구 신흥로 20길 43)
電話番号	+82-10-8495-9004　営業時間　18:00-01:00 (cafe 11:00-23:00)
定休日	不定休　instagram　@oriole_bar

弘大・合井

give me fever

このエリアはソウルの人気カフェがたくさんあるので、カフェ巡り中のランチ（週末のみ昼も営業）や夕食にもおすすめです。

ナイトアウト

静かな夜の延南洞でナチュラルワインを一杯

　延南洞は昼間はカフェ通りとして若い女性たちで賑わっていますが、夜になると雰囲気がガラリと変わります。静かな住宅街にポツポツと明かりが灯り、バーやダイニングレストランが開き始め、グッと大人な空気感に。中でもおすすめなのは、フレンチビストロ「give me fever」。黒で統一されたシックな空間ですが、肩肘張らずカジュアルにナチュラルワインとおいしい一品料理を楽しめるお店です。きちんと並べられた美しい食器とグラスは、手入れが行き届いているなと感じるし、オープンキッチンなので安心感あり。また、それぞれの料理にあう味と香りのソースを、泡で表現しているのもユニークです。平日でもソウルの洗練された大人女子やカップルたちがゆるりと過ごしていて、ワインでほろ酔いになりながら、気持ちがゆるやかになっていくような夜を過ごせます。

give me fever

③ ラストオーダー後、調理場をせっせと掃除している店主の姿を見て、おいしいものを作る人だなと確信しました（突然の海原雄山降臨）。

② 清潔感漂う店内。ワイングラスは常にピカピカに磨き上げられています。

④「ただただ料理することが好き。まだまだ勉強することが多いです」と語る店主の作る料理は、見目も綺麗。

---

give me fever 기브미피버　　MAP

住所	ソウル特別市麻浦区延南路3キル7 （서울특별시 마포구 연남로3길7）
電話番号	+82-10-5091-1151　　営業時間　火～金 17:00-24:00 土日 12:00-24:00 (Break Time15:00-17:00)
定休日	月曜日
instagram	@give_me_fever

BUTO HANNAM

1 人気メニューのビーツとアボガドの刺身。韓国のりで巻いて食べると(全部野菜なのに!)濃厚でおいしいんです。写真を見ているだけでまた食べたい。

日が暮れ始めるとキャンドルに火が灯りムーディーな雰囲気に。

ナイトアウト

漢南洞でまどろむ夜時間

　夜遅いけどおいしいものを食べて、 お酒も飲んで寛ぎたい。 そんな時におすすめなお店です。 小道にひょっこりある小洒落た外観。 内装もセンスフルなので女性グループやカップルが多く、 ソウルの大人女子たちが夜な夜な集っています。 ここの料理がおいしそうでどうしても食べてみたかったので、 ひとりで訪れたのですがカウンター席に座ると「おなかすいてる? 何食べたい?」と、 とても親切なシェフたち。 ひとり1杯お酒をオーダーするシステムなので何を飲もうか迷っていると 「アルコール弱めにしようか? どんな味が好き? 甘いの? さっぱりしたもの?」 とこれまたSuper親切。 新鮮な素材で作られた料理は 「おかわり!」 と叫んでしまいそうなおいしさ。 おいしいごはんとお酒、 親切な人たちに酔いながらひとりでも幸せな気分で夜を過ごせました。

MAP

BUTO HANNAM 부토 한남

住所	ソウル特別市龍山区漢南大路27キル32 (서울특별시 용산구 한남대로27 가길 32)
電話番号	+82-2-6052-7785
定休日	インスタグラム参照

営業時間　18:00-25:00

instagram　@buto_hannam

SHOP NUMBER
53

ART MONSTER 江南駅店
<ruby>カンナム</ruby>

❷

2012年英国人記者が書いた「大同江（北朝鮮）ビール」より不味い韓国ビール」という記事を見た現副社長が「なぜ韓国のビールはうまく作れないのか」と疑問を持ったことから始まったお店。マンハッタンで運用していたヘッジファンドをやめ米国のビール専門大学で勉強したのだそう。三清洞など他店舗もあり。

❶

江南の一角「え！ここに？」と思うほど意外とコンパクト。

週末の夜は江南で #불토!

韓国には「燃える土曜日ブルト」という言葉があるほど、週末は思い切り遊ぶスタイル。ロングヘアをなびかせ気合いの入った可愛い女子や今からクラブへ行くであろうキメた男子たちが闊歩する江南駅エリアの繁華街。ここに一風変わったお店があります。香港的ネオンライトの数々はフォトスポットとしても人気ですが、実は本格クラフトビール店。「ビールは芸術であり科学である」とうたい、世界各国のビールの賞を受賞してきた10種あまりのオリジナルクラフトビールを楽しめます。腕に巻いたバンドをかざし飲んだ分だけ料金が計算されるシステムなので、グラスに好きなビールを好きなだけつぎ色々な味をカジュアルに堪能できます。友人3人で行った時はそれぞれ一品ずつ料理をオーダーし、あとは各々好きなようにビールを飲んでいました。フルーティーで飲みやすいものもあり普段ビールをあまり飲まない私でも、おいしくいただけました。

ART MONSTER 江南駅店 아트몬스터 강남역점

MAP

住所 ソウル特別市江南区テヘラン路1キル28-3（서울특별시 강남구 테헤란로 1길 28-3）

電話番号 +82-2-562-6853　**営業時間** 平日17:00-25:00／±15:00-25:00
日・祝15:00-23:00

instagram @artmonsterbrewery

LEE MA JEAN 82

味はもちろん、見栄えのするメニューが多く、フレンチ出身のシェフのセンスを感じる。

大人のムード漂う内装。ちなみにGLAD LIVE 江南は、客室もお洒落で綺麗。彦州駅から徒歩5分ほどの場所にあり、値段も1泊8,000円程（シーズンにより異なる）からとリーズナブルでコスパ良し。

クラブのようなチャイニーズダイニング

デザイナーズホテルGLAD LIVE 江南にある「LEE MA JEAN 82」は、江南らしいラグジュアリーな華やかさとクラブのようなクールな空間が楽しめるチャイニーズダイニング。

1982年に公開されたSF映画『Blade Runner』が描いた2019年の姿からインスピレーションを受けたという近未来的な内装は、ここがホテルだということを忘れてしまいそう。フレンチ出身のシェフが中華料理にアプローチしたフュージョン料理は、見た目も味も新鮮なものばかり！パクチーパウダーがかかったイベリコ豚を使った酢豚（韓国では酢豚のことをタンスユクという）や、東南アジアで獲れた柔らかなカニをサクサクの衣で包んだチリクラブなど、新感覚。さらに韓国では、中華料理と一緒にお酒も楽しむのが定番！可愛い鳥のグラスに入った中国の名酒を使ったカクテルや、パウダーでデコレーションされたカルーア抹茶など、一風変わったお酒も豊富ですよ。

MAP

LEE MA JEAN 82 리마장82

住所	ソウル特別市江南区奉恩寺路223 GLAD LIVE 江南 3F（서울특별시 강남구 봉은사로223 GLAD LIVE GANGNAM 3F）
電話番号	+82-2-6177-5250　**営業時間** 17:00-01:00
定休日	日曜日　**instagram** @leemajean82

チャンドッテキムチチゲ 清潭本店
<ruby>清潭<rt>チョンダム</rt></ruby>

周辺には a loft（P127）、
プリマホテルなどホテルが
多く、店の通り沿いには
空港リムジンバスが停車し
ます。車で橋を渡れば聖
水エリアへもすぐ。

キムチチゲ（8,000ウォン・約800円）ラーメン1玉（1,000ウォン・約100円）

ひとり旅にも優しい！24時間営業の人気店

　1人でサクッと食事にも、深夜小腹が空いた時にもちょうど良い、清潭洞にある24時間営業のキムチチゲ店。注文せずとも、席に着くだけでキムチチゲが登場します。空気がキンキンに冷えている冬のソウルで、グツグツ煮立つチゲをつつく。冬の韓国こそ、韓国らしいな〜…とひとり勝手に幸せを感じる瞬間でもあります。化学調味料を使っていないキムチは酸味が強め。ラーメンももちろん追加しますよね？余談ですが数年前、店の通りを挟んだ向側に「Answer」というクラブがあった時は、週末深夜から明け方はクラブ帰りの若者たちのたまり場のようになっていました。改装前だったので今よりもっと古びた食堂感があったのですが、深夜でも元気なソウルの若者たちの熱気を感じることができて、眺めているだけでも元気をもらえていたものです。

MAP

チャンドッテキムチチゲ 清潭本店 장독대김치찌개 청담본점

住所　　ソウル特別市江南区島山大路540（서울특별시 강남구 도산대로540）
電話番号　+82-2-543-7754　　営業時間　24時間
定休日　年中無休

小腹が空いた…

TITLE: **ちょっとつまみたい時のお役立ちメモ**

食事をしっかりする時間がない。買い物途中にサクッと食べたい。
そんなときに便利なつまめるごはんを紹介します。

1 토스트
トースト

**韓国の
ストリートフード**

有名どころだとチェーン店
「ISACC」「EGG DROP」が有名ですが
街中の駅付近には必ずと言っていいほど
屋台のトースト屋さんがありますよ。
1枚2,000ウォンほどと安くておいしい!
注文を受けてから作ってくれるので、
あつあつ出来たてなのも嬉しい♥

2 노점
ノジョム 露店

ふわふわ!
甘じょっぱい
ケランパン。

**屋台フード
いただきます!**

ソウルは市場や駅付近、どこにでも屋台があります。
おでんやキンパ、天ぷら、スンデ。
冬場に飲むおでんのスープのおいしいことと言ったら!
基本立ち食いスタイルなので、サッと食べて腹ごしらえ。
移動中の小腹を満たすのにもちょうど良いのです。
エンタメ屋台フードを楽しみたい時は
観光地・明洞や東大門がおすすめ。

3 본죽
ボンジュク 本粥

**お粥で
からだを労わる**

お粥専門チェーン店。明洞や東大門、
江南などソウル市内のいたるところにあるので、
旅疲れした時、優しいごはんを食べたい時にも
良いですよ。
海鮮、肉、野菜と種類豊富。
何と言ってもブランドモデルが
コン・ユ先生なので疲れも
吹き飛ぶというもの。好き!

4 분식
ブンシク 粉食

**安くて手軽に
韓国ごはん!**

インスタントラーメンやトッポッキ、
マンドゥなどの粉物を中心にキンパ、
チゲなどひとりで食べられるメニューが揃います。
ひとり旅にも心強い、
街中に必ずある「ブンシク」は
ソウル旅の友のよう。

旅がもっと楽しくなる!
TITLE: 毎回新しいチャレンジをしてみる

　何度行っても、 この地に降り立つたび心の中で雄叫びを上げてしまう
ほど、 ボルテージが上がる韓国。 ただ、 だんだん小慣れてしまうと新鮮
さや初めてのときめきは薄れてしまうもの…。 そこで私は渡韓のたび、 自
分で自分にマニフェストを作り、 目標を達成してきました(笑)。

例えば…

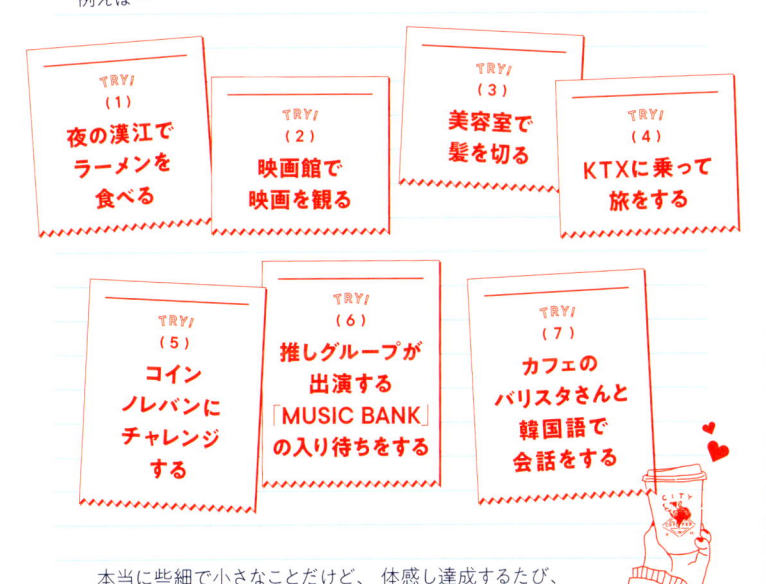

TRY!
(1)
夜の漢江で
ラーメンを
食べる

TRY!
(2)
映画館で
映画を観る

TRY!
(3)
美容室で
髪を切る

TRY!
(4)
KTXに乗って
旅をする

TRY!
(5)
コイン
ノレバンに
チャレンジ
する

TRY!
(6)
推しグループが
出演する
「MUSIC BANK」
の入り待ちをする

TRY!
(7)
カフェの
バリスタさんと
韓国語で
会話をする

　本当に些細で小さなことだけど、 体感し達成するたび、
幸せを噛み締めていました。
　大人になるにつれ、 どんどん「はじめて」が減ってしまうからこそ、
旅先での初体験が純粋な喜びや達成感、 ときめきをくれるのです。
　もはやカンフル剤ですね。

すぐできる
―― ソハクヘン ――
"小確幸"
小さな幸せを
探す旅

韓国の若者の間でじわじわと広がっている

「小確幸(ソハクヘン)」というライフスタイル。

もともとは韓国でも人気の高い作家・村上春樹さんの本に出てくる造語で、

文字通り"小さな確実な幸せ"という意味。

熾烈な競争社会の中、お金をたくさん稼いでいい生活を送るという

幸せのテンプレートから、価値観が多様化しているように見えます。

本が売れない、書籍の初版が1000～2000部でも一般的な韓国で、

ミニマリスト佐々木典士さんの著書『ぼくたちに、もうモノは必要ない。』

(ワニブックス刊)が韓国で10万部越えのヒットを飛ばしたことにも、

ミニマリズムや新たな幸せに対する人々の関心の高さを感じます。↗

ソウルに暮らしている中で、 書店でゆっくりと本を選ぶ時、

漢江をのんびり散歩している時、 公園でピクニックをしている時、

延南洞にある「MOMENTO COFFEE」の焼きパンセットなんて、

まさに小確幸。

ただパンを焼くだけなのに、 こんなに楽しいなんて…!!

週末のマーケットで雑貨を見るのも楽しいし、

ただ芝生で寝転がって楽しそうに話しているカップルは

見ているだけで幸せが伝わってきます。

そんな日常の中で見つける小さな幸せを探す旅に出かけてみませんか?

(余談ですが、 小確幸スタイルな韓国の若者は

だいたいMUJIが好き)※韓国あるある

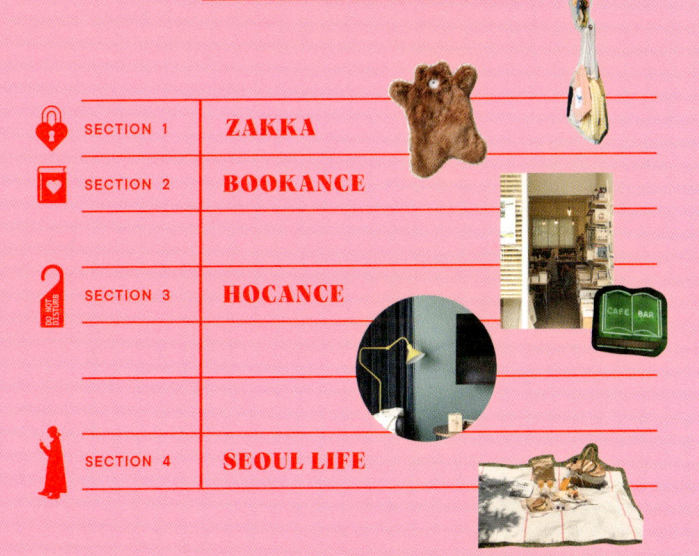

SECTION 1　　ZAKKA

SECTION 2　　BOOKANCE

SECTION 3　　HOCANCE

SECTION 4　　SEOUL LIFE

♡LOVE♡
KOREAN LIFE

SECTION

01

雑貨

ZAKKA

まずは、かわいい雑貨を 見つけにいこう

ノートにメモ帳、マスキングテープ、ポストカード。

食器にエコバッグ、キャンドルに手鏡…etc.

見ているだけで幸せになる小さなものたち。

ソウルには韓国の若手クリエイターやインディペンデント作家、

デザイナー自身が運営しているショップなど

魅力的な雑貨店がたくさん!

お土産を見つけるのにもぴったりです。

もしかしたら店ごと買い占めたくなるかも?

かわいい! がきっと見つかる、素敵な店だけ集めました。

STAFF PICKS

西村は坂道が
多いから
スニーカーで
散策

西村

雑貨

学校だった建物をリノベーション。
小さな子供連れの家族も多い、
憩いの広場。

すぐ近くには観光地・景福宮があるのに静かで長閑、ローカル感たっぷりな西村が大好き。

西村の丘上でお茶と雑貨

　地下鉄３号線「景福宮駅」から徒歩８分。西村の丘上にあるカフェ「STAFF PICKS」には、オーナーが世界中から集めてきた雑貨も販売しています。北欧の食器や欧州の台所用品に文房具、ディスプレイまで素敵で無性にワクワクする空間! 私はフランスからやってきたプレートを購入。店内のいたるところで雑貨が販売されているので、隅々までチェックを。雑貨だけでなくカフェも本当に良い。ゆっくりお茶しながら雑貨も見て…至福の時間ではないでしょうか。春秋はソウルの街を見渡せるテラス席もおすすめ。木々に囲まれ心地よい風を感じながら、時間を忘れるようにのんびり過ごせる癒しスポットです。徒歩５分の場所には「one more bag」(P104)。また景福宮駅の方へ戻れば、韓国ドラマ「よくおごってくれる綺麗なお姉さん」のロケ地で、チョン・ヘインとソン・イェジンがデートしたイタリアンレストラン「Oliva Garden」もありますよ。

MAP

STAFF PICKS 스태픽스

住所	ソウル特別市鍾路区社稷路９キル22 (서울특별시 종로구 사직로 9길 22)
電話番号	+82-10-4274-2055 **営業時間** 10:00-21:00
定休日	月曜日 **instagram** @staffpicks_official

ALL WRITE

このエリアは、ソウルの若者たちが盛り立てている小さな村のよう。「NEEDS BURGER」「Felt」「Lily wood」など、センスフルな店が集まっていて楽しいんです。

大人買いしたい! シックな文具

新村駅から歩いて10分ほど。ダークグリーンの木製扉を開けると、整然と積み重なった文具がずらり。日記帳をはじめ、可愛いノートや封筒などデイリーに使えるアイテムが揃う「ALL WRITE」。ミニマルでシックな文具は、すべて店主であるイ・ヒョウンさんがデザインしています。昔から日記を書くことが好きだったけれど、なかなか好みのものがなく「ないなら自分が書きたくなるものを作ってみよう」と制作。運営していたブログで2013年の冬から販売を始めました。それから約6年、今に至るまで様々な商品を作り続け、お店を出すまでに。全部売れなかったら、余った日記帳におばあさんになるまで書き続けようと思っていたのだそう(可愛い…!)。シンプルシックなノートが素敵すぎて、気づけば大人買いしていることが多々。お気に入りの日記帳に可愛いマスキングテープを貼るだけで、日々の雑事もちょっとだけ楽しくなりそう。

「どんどん書き込んでたくさん使ってね!」by店主

ALL WRITE

言葉の力なのか、 ほのかにロマンを感じる文房具たち。

ちょっとした時に使える封筒はここぞとばかりにまとめ買い。

Drawing Memo Paper 3,500 ウォン(約350円)

ALL WRITEは「すべてを記録したい人」のための場所。 実用性が高く書きやすい、 シンプルな構成を心掛けているのだそう。

ALL WRITE 올라이트

住所	ソウル特別市麻浦区西江路11キル28 （서울특별시 마포구 서강로11길28）
定休日 火〜木・日曜日	**営業時間** 金土月 13:00-18:00
	instagram @allwrite_shop

MAP

Ofr. Séoul

アーティストの家におじゃましているような気分。ここにいるだけでワクワクします。

パリからやってきたアート書店

　ソウルの森エリアに2019年春オープン。パリから上陸するやいなや、あっという間にソウルのおしゃれ女子たちのハートを奪ったお店です。Ofr.が制作するPARIS、SEOUL、TOKYOなど世界各国の情景を編集したフォトブック。レアな洋書、雑誌、デザイン書、ポスターなどアートとカルチャーを空気のようにたっぷりと吸収できる空間。オリジナルトートバッグはカラーバリエーションもデザインも豊富で、すでに何個も持っているのにまた買いたくなってしまう…魅力。「mirabelle」の雑貨も可愛いのです。「ここにあるものはすべて美しいでしょ？ヴィンテージの服、カシミアの帽子、色彩が美しいアート。シンプルで上質、ずっと大切に使いたい愛するものたちだけ。訪れた人たちにここでしか経験できない時間を過ごしてほしいな」と、きらきらした瞳が印象的なオーナーのAlexandreさん。宝探しをするように心ときめく場所を作ってくれました。

Ofr. séoul

1Fにはオーストラリアのコーヒー豆・Market Lane を取り扱う人気コーヒーショップ「Momento Brewers」。ちょっとコーヒーブレイクしたいときにおすすめ。いつも明るく楽しいバリスタさんたちにも元気をもらえます。すぐ近くには可愛いすぎるベーカリーショップ「Victoria bakery」も。このエリアはホットプレイスでもあり、ソウルの若者たちの新しいライフスタイルを感じることのできる場所でもあります。

イベントのため来韓されていたオーナーとたまたまお会いできたSuperラッキーな日。穏やかで愛に溢れたとても素敵な人。Ofr.の世界観は彼の経験やクリエイトによるものなんだなと実感。

本好きにはたまらない空間。掘り出し物が見つかるはず。

Ofr. Séoul　오에프알 서울

住所　　ソウル特別市城東区ソウルの森2キル19-18,2F（서울특별시 성동구 서울숲2길19-18,2F）
定休日　月・火曜日　　営業時間　13:00-19:00／土日11:30-19:00
instagram　@ofrseoul

MAP

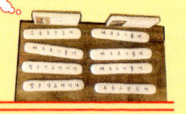

ハングルで
書かれた箸置きが
可愛すぎる!

SHOP NUMBER
59

object 弘大店
ホンデ

ステッカーシールは5枚2,000ウォン（約200円）10枚3,500ウォン（約350円）20枚6,000ウォン（約600円）32枚8,500ウォン（約850円）。友達へのお土産に添えて渡したら喜ばれそう!

ロゴマークがさりげなくあしらわれただけのシンプルな建築デザインにセンスを感じる外観。

可愛い韓国雑貨が集まるデパート!

　韓国で活動する、約300人以上のインディペンデント作家たちの作品を扱うobject。ハングルで書かれたポストカードや手帳、器にアクセサリーにバッグ、文房具と、とにかく品揃えが豊富! 一度にたくさんの雑貨を見たい方におすすめです。最上階は書店になっていて、静かでゆったりとした空間。1～3階まで可愛いものがぎっしり! 観光客や学生、若いソウルっ子たちでいつも溢れています。もしゆっくりと見たいなら早めの時間に行くのがベター。ここに来れば新しい韓国作家に出会うことができる、ショールームでもありデパートのようなお店です。P140で紹介した京義線スッキル公園から、お散歩がてらここまで来るのも気持ちいいですよ。春夏は木々の緑、秋は紅葉が美しく、ソウルの四季も感じられる場所です。

MAP

object 弘大店　オブジェクト 弘大店
ホンデ

住所	ソウル特別市麻浦区臥牛山路35キル13（서울특별시 마포구 와우산로35길13）
電話番号	+82-2-3144-7738
定休日	不定休

営業時間　12:00-22:00（最終受付 21:50）

instagram　@insideobject

SHOP NUMBER
60

Enough for Today
(OASIS HANNAM)

値段は書いていたりなかったり。スタッフさんに聞いてみて。

七色に煌めく貝殻やパイナップルを象った小皿。

タイから届くナチュラル雑貨

　漢南洞のブランチカフェ「OASIS HANNAM」で見つけた可愛い雑貨。聞けばカフェ店主の友人で、タイに移住しお店を営んでいるのだそう。最初は旅行で行ったものの、どうせならと暮らすうちに気づけば住んでいたのだとか(笑)。南の国らしいナチュラルな風合いが素敵。天然石で作られた小さなスプーンとフォークは、Enough for Todayのオリジナル商品。なめらかな輝きが綺麗なのに、光を出す研磨作業以外は何の加工もしていないのだそう。小さな可愛い食器はたくさん買いたくなってしまうから危険…。お土産にしてはあまりにかさばるけれど、籠や小さなチェストにもロマンを感じます。カフェの一角にあるここもまたオアシスのような空間です。朝9時から営業しているので朝カフェにもおすすめ。閑静な高級住宅街にあり、シンプルだけど女性らしさのある洗練された雰囲気が大好き。

MAP

Enough for Today (OASIS HANNAM)　이너프 포 투데이(오아시스 한남점)

住所	ソウル特別市龍山 梨泰院路45キル30 (서울특별시 용산구 이태원로45길30)
電話番号	+82-2-790-8906　　**営業時間**　　9:00-20:00 (日曜日は18:00まで)
instagram	@enoughfortoday.kor

WARMGREY TAIL®

① 陽がサンサンと差し込む明るくて気持ち良い空間。 作品をゆっくりと堪能しながら、 お買い物できます。

やさしい色彩と愛らしいイラストにほっこり

　イラストレーターのキム・ハンゴルさんとアートディレクターのイ・ヒョナさんが手がける
ブランド。 2015年11月、ソウルの小さなスタジオからスタートしました。 山、海、大地、
森林と大自然をテーマにしたイラストを描き、ポスター、ステッカー、グラスに靴下など、
暮らしにまつわる様々なグッズも製作しています。 ペールトーンのやわらかな色合いと、
ゆるい動物たちのイラストが気の抜ける可愛さ。 部屋に飾っていると、 ふふっと気持ち
が和やかになるような愛らしい作品ばかりです。

　ショールームは望遠市場すぐ近く。 ローカル感たっぷりの市場で食べ歩きも楽しいで
すよ〜! (次ページで紹介) こんなおしゃれな場所と韓国らしい雑多な感じが超至近距離
にあるところも、 韓国のおもしろさだなと思います。

とっても可愛い店主さん♡照れながらも写真を撮らせてもらいました。

通り過ぎてしまいそうな、ごくごく普通のビラの2F。

WARMGREY TAIL®

ポスター＆フレームは300×400mm（55,000ウォン・約5,500円）〜980×700mm（210,000ウォン・約21,000円）まで全部で10サイズ。美しい色合いに癒されます。

連れて帰りたくなる小さくて可愛いものたち。

自然をモチーフにした柔らかいイラストが出迎えてくれます。

エコバッグは家にたくさんあるのについつい手を伸ばしてしまう。

WARMGREY TAIL® 웜그레이테일

住所 ソウル特別市麻浦区圃隠路94グレースビル2F
（서울특별시 마포구 포은로94 그레이스빌딩 ,2F）

電話番号 なし　　**営業時間** 水〜金13:00-19:30／土12:00-19:30／日12:00-18:30
定休日 月・火曜日　**instagram** @warmgreytail

MAP

PRELUDEPIC

①

ブランドの世界観がたっぷり詰まったポップで可愛い会場。

ゆるいイラストが可愛いステッカーや、世界地図が描かれたノートなど、童心を取り戻せるアイテムたち。

②

韓国の可愛い雑貨はPOPUPでもゲットしよう!

ソウルの森カフェ通りを散歩している時、たまたま Project Rent で可愛い POPUP が開催されていたのでのぞいてみると、可愛いノートがずらり。胸がときめく可愛い世界観に手が止まらず、気づけば両手にいっぱいのノートとシールが…。

デザイナーのデウンさんが2015年からスタートしたノートデザインブランド「PRELUDE」は、ノートを使う人たちが、自由に文字を書いて楽しめる。使い方を自分で選べるようなものづくりを追求し、デザインを考えているのだそう。

実店舗はなくオンライン販売のみですが、大林美術館のアートショップやP104で紹介したone more bagなど、韓国国内のいたるところで商品を購入することができます。ただ、品揃えで言えばやっぱりPOPUPが1番! 韓国は超ネット社会。POPUPなどの告知は随時インスタグラムでアップされるので、お気に入りのブランドが見つかったら、ぜひこまめにチェックを。渡韓のタイミングで行けたらラッキーですよね。

PRELUDEPIC 프렐류드

instagram @preludestudio **online store** http://www.preludestudio.co.kr/
●POPUP情報はインスタグラムをチェック

口の中が摩訶不思議になる辛さ！

望遠市場
マンウォン

1 韓国の市場ではよく搾りたてのごま油を買います。市販のものより芳ばしく、旨みがギュッと詰まっているように思えるのです。お値段はだいたい10,000～15,000ウォンほど。店によって異なるので、お好みの一軒をぜひ見つけてみて。※早めに使い切るのがおすすめ！

2 激辛とはこのこと。ぜひ挑戦してみてほしい（胃腸薬とともに）。

プチプラ韓国グルメを楽しむなら！やっぱり市場

　地下鉄6号線「望遠駅」から「WARMGREY TAIL®」へ向かう途中、地元民であろうアジュンマやアジョシ、遊びに来ている若者で賑わう望遠市場を通ります。トッポッキやキンパ、スンデ、天ぷら、ホットク※、韓国のりにキムチや食材なんでもござれ。平日も週末も活気ある地元の台所といった感じです。ここで気になったのは「麻辣トッポッキ」。このコラボは絶対おいしいでしょ！とチャレンジしたものの…辛い。唐辛子とは違う辛さ。危険。OBSESSIONするな！と体が警報を鳴らしてきたため断念。トッポッキ2つしか食べれなかったのでお店のアジュンマに「こんなに残してしまってすみません。辛くて食べられなくて」と伝えると、「あら～日本人？辛かったでしょう？これなら食べられる？」とおでんをサービスしてくれる優しさ。涙で濡れたおでん…。人情味溢れるところも市場のおもしろさ。食エンタメを楽しみたい時にもおすすめなスポットです。
※韓国では「ハットク」と呼びます。

望遠市場　망원시장

MAP

住所　ソウル特別市麻浦区圃隱路8キル14, 一帯（서울특별시마포구포은로8길14, 일대）
定休日　年中無休（店舗により異なる）　**営業時間**　10:00-20:00

西村

one more bag

モノで溢れているのに見やすくて、ときめくディスプレイ。

バッグ好きだよ! 全員集合!

「one more bag」の名の通り、もうひとつ、もうひとつとどんどん買いたいものが増えるから恐ろしい…。西村散歩をする時は、必ずのぞきたくなるショップです。韓国クリエイターの作るバッグと雑貨を扱っており、コットンバッグ、リュック、ギンガムチェックのショルダーバッグ…所狭しともりもり。巾着タイプとワンショルダーのバッグは、日本にはありそうでない。しかもお値段もお手頃価格ときたもんだ。日本語堪能なスタッフさん(日本の大学に留学していたのだそう!)がいるので、安心感まであるのです。西村は景福宮の近くだけれど、北村よりもっと落ち着いていて、ローカル色が濃く、閑静で時間の流れをゆっくり感じる大好きな街。ここからまた坂道を登ればSTAFF PICKS (P093) がありますよ。

ふわふわの熊ポーチ。もう1種類の熊とムササビ、ウサギの4種類。全部愛くるしすぎて選ぶのが大変。（33,000ウォン・約3,300円）

one more bag

人気の韓国土産・スマホケースもありますよ。

全て手作業というチェリー柄のバッグに一目惚れ。ラブリーなのに大人が持っても可愛いシックさが好き。シンプルな服装のアクセントにどうですか？

韓国作家のPOPUPを開催していることも。

せっかくのソウル旅行。悔いの残らないようしっかり見定めて買うべし！

---

one more bag 원모어백

MAP

住所	ソウル特別市鍾路区弼雲大路6-1,2F（서울특별시 종로구 필운대로6-1,2F）
電話番号	+82-70-7768-8990　　**営業時間**　13:00-20:00
定休日	火曜日　　**instagram**　@onemorebagkr

105

JONGINAMOO GALLERY

和紙のようだけど微妙に質感が違う韓紙。日本にはないようなデザインも見ているだけで新鮮です。韓国文化に浸れる時間。

色鮮やかさと華やかな柄に一目惚れした手鏡。手触りがとても良く、手に取るたびに気分が上がるものに。鏡の持ち手と縁が漆黒なところもシックで好き。

伝統韓国をたしなむ

　三清洞にある韓国伝統工芸作家 キム・ジョンスンさんのギャラリーショップ。伝統紙「韓紙」で作られた雑貨や古い木で作られた家具など、現代的な感性と韓国伝統工芸が共存した美しい作品ばかりです。この辺りを散策している時たまたま入ったお店で最初こそ「渋めのお店だから買うものはないかな…?」と思っていましたが、韓紙で作られた美しい照明や伝統的な韓国を感じる手鏡など気づけば魅入っていたのです。韓紙の葉書はお土産にもぴったり。大きな家具はハードルが高いと思いますが、モダンなデザインのランプや小物入れなど日常に取り入れやすい雑貨もたくさんあります。心高鳴るアイテムを宝探し気分で掘り出すのも楽しいですよ。

MAP

JONGINAMOO GALLERY 종이나무갤러리

住所　ソウル特別市鍾路区北村路5キル3（서울특별시 종로구 북촌로5길3）
電話番号　+82-2-766-3397　　営業時間　10:00-21:00（日曜日は12:00 OPEN）
instagram　@jonginamoo

南大門市場

<small>ナンデムン</small>

雑貨

可愛い
子供服も
たくさん!

② 星と月の刺繍が入ったイブル（布団）は肌触りが良くて寝るたびに幸せな気持ちに。5,300円ほどでした。

③ 明洞からは徒歩圏内。最寄り駅は地下鉄4号線会賢駅5番出口。

① 本当に必要なものを買いに行くというよりも、何か掘り出したくて宝探し気分で行くことの多い場所。

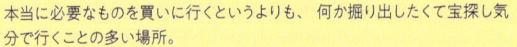

掘り出し物を見つけに! 宝探し

　雑貨好きからすると南大門市場はワンダーランド。マッコリヤカンからアクセサリーまで、膨大な量の生活雑貨を取り扱う韓国最大規模の市場。卸市場ですが東大門より優しい雰囲気。一般客への価格があるからなのか、年配のスタッフさん方が多いからなのか優しくて親切な人が多いように感じます。東大門のピリピリとした緊張感（プロたちが集う卸市場ですからね）よりマイルド。生活雑貨を扱う「大都商街」へ行く時は鮮やかな色と刺繍が可愛い巾着を、自分用にもお土産用にもよく買います。相手の顔を思い浮かべながら、イメージに近い色や形をじっくり探すのも楽しいのです。小さな巾着はなにかと使い勝手がいいし、お土産にも喜ばれますよ。雑多としたカオス的韓国の魅力も感じられる市場旅、おもしろいですよ。

南大門市場 남대문시장

MAP

住所 ソウル特別市中区南大門市場4キル 一帯（서울특별시중구남대문시장4길 일대）

書店

BOOK STORE

「ブッカンス북캉스」 をしに書店へ

韓国の若者を中心に少しずつ広がりを見せている

「ブッカンス」とは、

ブック(북)とバカンス(바캉스)を組み合わせた造語。

本と一緒にのんびりバカンス気分を

楽しもうという意味なのです。

読書する時間を作ることも素敵だし、

SNSやネットから離れて

どっぷり本の世界に旅してみるのはどうですか?

日々の暮らしに余白を感じる

この言葉が大好きで、

日本でも浸透すればいいな〜と思っています。

now afterbooks

書店

イフブックスの
最新刊
『경찰관속으로
警察の中に。』

写真は前店舗のもの。 いつお会いしても穏やかなおふたり。

めくるたびに
ときめく一冊♡

「TRAVEL RECEIPT&RECORD」。
装丁に一目惚れし、 エディトリアル
デザインがあまりにタイプでまた惚
れ、 旅先の国で使ったレシートが貼
られているのも可愛すぎて胸キュン
が止まらずお買い上げ。 包装まで
パーフェクトなかっこよさ。

ローカル書店で寄り道

　新村から2019年12月に望遠洞に移転し、 リニューアルオープン。 著者であり編集者
でもある店主が本を編集・制作し、 販売までしているインディーズ書店です。 小さな店
内には所狭しと本がぎっしり。 「もともと本が好きで、カフェにしようか本屋にしようか迷っ
たけど、 他の書店ができているのを見て小さな書店をやってみようと思ったんです」 とい
う店主。 本の流通ラインを独自でできる時代なんだなと驚きます。 レトロポップな音楽が
流れる居心地良い空間。 猫好きの店主らしい、 書棚の猫本コーナーにもほっこり。

MAP

now afterbooks 이후복수

住所	ソウル特別市麻浦区望遠路４キル24,2F（서울특별시 마포구 망원로４길 24,2F）
電話番号	+82-10-4448-7991　　**営業時間**　日~火 14:00-18:00／水~土 13:00-20:00
定休日	インスタグラム参照　　**instagram**　@now_afterbooks

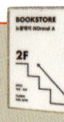
SHOP NUMBER
68

Normala

こんなところに⁈ というさみしげな建物に若者が運営するヒップなお店が隠れているところも、乙支路のおもしろさ。 スクエアな大手企業が並ぶビジネス街のすぐそばに、 こんな対局の場所が生まれているところも興味深い。

BOOK IS ANSWER

ソウルのアートブックフェア 「UE -unlimited edition」 のブースで、 思わず足を止めてしまった "BOOK IS ANSWER" と書かれたロゴバッヂ。 このメッセージを掲げ、 書店＆文具店を運営しているのは、 デザインスタジオ131WATT(131watt.com)。 乙支路にあるお店は、 昔からある電気屋や水道屋が連なるしっぷい商店街の２階にある、 隠れ家のよう。 クライアントから請け負うデザイン業務だけでなく、 自主制作のプロジェクトを試み、 2013年から絵本を制作。 その展示スペースとして、 2015年にお店もはじめたのだそう。 インディペンデントブックと韓国クリエイターの文房具をチェックしながら、 あれも欲しいこれも欲しいと先走る物欲…! 店主がセレクトする本や文房具は、 どれもどこかに優しさを感じます。 店内は撮影禁止。 静かに、 ゆっくりと韓国現代カルチャーを楽しめる空間です。

Normala

写真が魅力の旅本やコミック形式の本はハングルが読めなくても楽しめる。

韓国のクリエイター・zeroperzeroさんが描く、世界各国の地図（路線図）がとても素敵。 この地図を持って旅したくなる!!

お店の中を自由に散歩している可愛い猫・チロ。 乙支路（ウルチロ）から名前を取っているのだそう。

Normala 노말라에이

住所 ソウル特別市中区乙支路121-1, 2F（서울특별시 중구 을지로121-1, 2F）

電話番号 +82-70-4681-5858　　**営業時間** 12:00-20:00（土曜日13:00 OPEN）

定休日 日・祝・月曜日　　**instagram** @normala.kr

MAP

ノドゥル書家

とても静かな空間。 平日に行くとおしゃべりしている声が響くほど静かです。 友達とワイワイしに行くというよりも、 ちょっと休憩したい時やじっくり本を読みたい時におすすめ。

陸の孤島で読書逃避行

　龍山と鷺梁津をつなぐ漢江大橋下に位置するノドゥル島が、 2019年9月末に音楽島として変身。 Market ooomのイベントではじめて訪れた時は、 工事が終わったばかりであろう真新しい建物に木々の緑、 整った芝生公園。 自然と調和した出来立てほやほやの島から見える、 ギラギラと輝く汝矣島のオフィスビル群。 このコントラストの強さが韓国らしくておもしろいなと感じたのですが、 ここに入っているノドゥル書家がとても素敵なのです。 緑が揺れる吹き抜けで開放感たっぷりの空間には、 15社の小さな書店や出版社が季節ごとにキュレーティングした本棚を紹介しています。 「Nテーブル」では有名シェフや文化界の著名人によるダイニングプログラムを毎月開催したり、 「植物島」では4組の植物クリエイターグループがソウル市民を交えて楽しめるガーデニングプログラムを行ったりと、 ただ販売するだけではなく本を介して生まれる立体感ある体験を提供しています。

NODEUL BOOKSHOP

2 2階には階段式ベンチとデスクあり。 仕事をしたい時の作業デスクとしてもかなり使えます。 併設されたカフェで購入したドリンクも持ち込めます。 もちろんWi-Fiも完備。

思わず視線を奪われるディスプレイの巧みさ。

3 P133で紹介した「Marketooom」はノドゥル島でも頻繁にマーケットを開催しています。 水に囲まれ、広い敷地を持つノドゥル島はマーケットのコンセプトにぴったりな会場です。

5 ただ本を販売するのでなくストーリーや付加価値をつけているところも粋。

ノドゥル書家　노들서가

住所	ソウル特別市龍山区ヤンニョン路445（서울특별시 용산구 양녕로 445）
電話番号	+82-70-7729-6553　　**営業時間**　11:00-21:30
定休日	月曜休館　　**instagram**　@nodeul.book　撮影場所協力：ノドゥル島

MAP

コヨソサ

煉瓦造りの外観も素敵。

①

解放村のほっこり書店

　解放村でカフェ巡りをしている時、たまたま見つけた小さな書店。デスクにひっそりと座っている店主の凛とした雰囲気が素敵。お話しするととても柔らかい人柄で可愛らしい方なのです。机の上にはポットとみかんにブランケット。スピーカーから流れるメロウな音楽。暖をとりながら読書ができる小さなスペースを設けてくれています。韓国国内外の文学書を中心に店主がセレクトした本たち。本棚をゆっくり眺めながら「こんな時間、すごく贅沢だな〜」と愛おしさと幸せがこみ上げる瞬間でもあります。時間が止まったような長閑な読書日を過ごせますよ。韓国文学に興味のある人、韓国語の勉強に本を購入したいと思っている人にとっても、良い場所なのではないでしょうか。

goyo book shop

こちらも #Seoulbookclub

ここから数軒隣にある「Letter cafe 널담은공간」も素敵。 1年以内ならいつでも好きな日付で好きな相手に手紙を贈ることができるサービス。 カップルが一緒に手紙を書いていて、 微笑ましかったのです。 ここでシーリングワックス（封蝋）で封を留める作業をはじめて経験。 なんてことない手紙が、 一気に大切なものに感じるマジックを体感しました。

南山タワーの麓にある解放村は山道。 登山しているような気分になるような坂道や階段ばかりなので、 たくさん歩けるように準備をしていくことをおすすめします。 春秋がベストの季節ですが、 冬も味わい深くて好き。 夏は…昼間は熱中症になってしまいそうなので、 夕方以降に行くことが多いです。

コヨソサ 고요서사

住所 ソウル特別市龍山区新興路15キル18-4 (서울특별시 용산구 신흥로15길18-4)
電話番号 +82-10-7262-4226 　**営業時間** 14:00-21:00／金~日14:00~19:30
定休日 隔週火曜日 　**instagram** @goyo_bookshop

MAP

ARC.N.BOOK 市庁店

❶

乙支路入口駅直下! 主役級の本アーチ

　2018年11月にオープンしたライフスタイル書店。入口の本のアーチは圧巻。レトロな電話ボックスやクラシカルなインテリアは、映画「グレート・ギャッツビー」をテーマに空間デザインしているのだそう。書籍や雑誌、雑貨やインテリア、韓国クリエイターたちが描くゆるいキャラクターの文房具など、かさばるのはわかっていても（荷物になってしまう…!）欲くなるものばかり。雑誌コーナーではソファに座って本を読め充電までできるし、書棚散歩をしながらおなかが空いたらごはんを食べて。気ままに書店ライフを過ごせます。カンジャンセウが人気の「舞月食卓」などひとりでも入りやすい食堂も。ミルクティがおいしいカフェ「SIKMULHAK」も入った充実したラインナップです。まる1日いれるかもしれないと思うほど居心地良し。

ARC.N.BOOK

同ビル内にはライフスタイルショップ「Thingool」、韓国菓子をモダンに昇華させたカフェ「赤糖 Jeokdang」も。見るところが多くて困ってしまいますね。

電話ボックスの中で本の在庫や位置を検索。仕掛けがいちいち素敵なんです。

韓国の雑誌は実用的というよりも、グラビアの美しさやハイブランドを楽しむイメージ。

今にもショーが始まりそうな、劇場みたいな入口。窓際のテーブル席も落ち着くから好き。

赤糖で使われている器はP33で紹介したMUJAGIのもの。菓子の美しさが際立ちます。

ARC.N.BOOK 市庁店 아크앤북 시청점

住所	ソウル特別市中区乙支路 29,B1F（서울특별시 중구 을지로 29,B1F）
電話番号	+82-70-8822-4728 　営業時間　10:00-22:00
定休日	不定休 　instagram　@arc.n.book_official

MAP

index

聖水エリアや蚕室エリアはここから比較的近く、地下鉄で1本で行けます。

コーヒーは Anthracite roastars。
1杯400円ほど。

2F席でまったり。猫気分

　THANKS BOOKSが率いる書店「index」。 建大入口駅の観光地・COMMON GROUNDの3F、 太陽の陽をたっぷり浴びることのできる気持ち良い空間。 ここの陽気を吸いたくてたまにリフレッシュをしに行くことも。 今話題の書籍からフェミニズム、国内外の文学書、 エッセイ、 実用、 旅本、 雑誌と豊富なラインナップ。 この複合施設も周りのエリアもそんなに小洒落た感はないものの、 ここだけ急に洗練された空気になる不思議な場所。 2Fのテーブルでコーヒーを飲みながら買った本を読んで、 仕事をして。 タイミングが良ければTHANKS BOOKS代表のイ・ギソプさんに会えるかも。

MAP

index 인덱스

住所　　ソウル特別市広津区峨嵯山路200 COMMON GROUND 3F
　　　　（서울특별시 광진구 아차산로200 커먼그라운드 3F）

電話番号　+82-2-2122-1259　　営業時間　11:00-22:00
定休日　インスタグラム参照　　instagram　@indexshop.kr

聖水・ソウルの森
書店

ソウル独立型書店
ブームを作った
「THANKS BOOKS」。

Seoulbookshops ソウル型本屋

❶

書店が情報と知識を伝達・発信する役割をするという意味を込めて、鳥を形象化したのだそう。か、可愛い…。

#Seoulbookshops

❷

アイコンはブックマークを象徴すべく本を形象化。よりたくさんの人たちに選定された書店を知ってもらえるよう、「お気に入り」に入れてねという意味も込められています。

ソウルのローカル書店が一目でわかる

　ソウルで本屋巡りをしたい人、必見のサイト「Seoulbookshops」。ソウル市とソウル図書館が主催する、地域 or ローカル書店の活性化プログラム。ソウル市内にあるローカル書店を対象に、公募した書店の中から審査を通過したソウル型の本屋を選定。選ばれた書店には特典や文化行事の開催支援が与えられます。オン・オフラインの広報活動を通して、ソウル市の書店の文化的地位向上のために行われている活動です。独立型書店が盛んになったものの、それでも書店経営が大変なことに変わりはありません。行政がこんな風に文化を育てるための支援をするって素晴らしいなと思いますし、応援したくなります。またこのサイトを見れば、ソウルのローカル書店をチェックできるので、本屋巡りの参考にもなるのです。

Seoulbookshops 서울형책방

instagram @seoulbookshops　　HP https://seoulbookshops.kr/
●詳細情報はHP・インスタグラムをチェック

03

ホテル

HOTEL

「ホカンス호캉스」 をしにホテルへ

「ホカンス(호캉스)」とは、
海外旅行の代わりに近場のホテルで
バカンス気分を楽しもうという造語で、
韓国の若者を中心に人気のアクティビティです。
例えば屋上プール付きのホテルでリゾート気分を味わったり、
広めの綺麗なホテルを予約して女子会をしたり。
ここではホカンスにぴったりな、
おこもりしたくなる素敵なホテルと、
ソウルの宿での過ごし方を紹介します。

※記載しているホテルの宿泊費は目安です。
時期や予約サイトによって料金は変動します。

SHOP NUMBER
74

L7 弘大
ホンデ

最寄りの弘大入口駅1番出口はエスカレーターがついているので、キャリーケースがあるときも助かる! 8.9番出口はエスカレーターがないのでご注意を。 空港鉄道など新しい路線はエスカレーターがほぼついていますが、 古い路線だとエスカレーターはないし階段は長いし、 乗り換えは大変だしとしんどいことが多いので、 私は比較的新しい路線沿いにあるホテルが好きです。

弘大は日本人からも人気の観光地。STYLE NANDAやChuuなどの韓国ブランドや、 韓国のシンプル大人女子服を買いに行く人も多いのでは。

ファーストソウルにおすすめ

　弘大入口駅1番出口を出てすぐ。 LINE FRIENDS STOREの階上にあるL7弘大は、はじめてのソウル旅におすすめ! 綺麗なデザイナーズホテルで空港からも近く立地良し。大通り沿いにあるので夜中でも安心して帰ることができます。 アーティストやカルチャークリエイターのアジトがコンセプトなので、 フロントもカッコいい。 22階のルーフトップにはプールまである華やかさ(春夏はイベントが開催されていることも)。 公式サイトに掲げられている"日常を祭りにする"というフレーズに、 さすがアジアのラテン韓国! と胸が熱くなる思いです。 韓国一大きな芸術大学・弘益大学があるためクリエイターがたくさん集まり、 インディーズカルチャーも盛んです。 クラブ通りもある若者の街! 週末は昼まで眠らない弘大を、 思い切り楽しめる宿だと思います。

MAP

L7 弘大 L7 홍대
ホンデ

住所　　ソウル特別市麻浦区楊花路141 (서울특별시 마포구 양화로141)
電話番号　+82-2-2289-1000

SHOP NUMBER
75

RYSE, Autograph Collection

既存のホテルでは体験できないような体験と文化的インスピレーションを感じることのできる場所。

インテリア好きに勧めたいデザイナーズホテル

　ストリートカルチャーを感じられるエネルギッシュな若者の街・弘大に、マリオットインターナショナルが作ったデザイナーズホテル。ホテルというより、もはやアートワークに近いような独創的な空間。世界中の著名なアーティストとコラボレーションし、インテリアデザインを手掛けたのはMichaelis Boyd。客室は6タイプ。国内外のアーティストがインテリアに参加した5つのアーティストスイートルームは、もはや美術館。オンラインストーリーテリングプラットフォーム「Maekan」、インストール美術家「パク・ヨジュ」、写真家「Laurent Segretier」とペインティングアーティスト「Charles Munka」がそれぞれ異なるコンセプトでコラボレーションしています。1泊18,000円程〜（価格は変動）と決して安い値段ではないけれど、ここに滞在している間ず〜っと気分が上がりっぱなしなので、結果コスパがいいはず。ホテルに籠って仕事をしたくなる、エネルギーみなぎるホテルです。

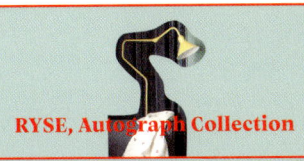

RYSE, Autograph Collection

「Suite Artist Park」ROOM。 客室は全274室。

弘大入口駅9番出口からすぐですがエスカレーターがないため、1番出口から出て地上から向かう方が荷物が多い時は楽かもしれません。

1F の「Tartine bakery」で朝ごはん。開放感たっぷりの気分が上がるカフェです。地下には無料で入場できるギャラリーも。

Bluetooth スピーカー「Boombox」とファッションブランド「IISE」がデザインしたバスローブが設置されている。

RYSE, Autograph Collection 라이즈 오토그래프 컬렉션

住所　ソウル特別市麻浦区楊花路130（서울특별시 마포구 양화로130）

電話番号　+82-2-330-7700　　instagram　@ryse_hotel

MAP

L'ESCAPE HOTEL

1番コンパクトな「Mini King」ルームでもこの可憐さ。カーテンを締めれば浴室は見えませんよ。

ホテルごもりしたくなる
「日常からの甘い脱出」を叶えるホテル

　映画の中に入り込んだようなデコラティブな空間にふわりと漂う甘い香り。世界的に有名なフランス人建築家兼内装デザイナーであるジャック・ガルシア氏とのコラボレーションによる客室とインテリアは、華やかでクラシック。19世紀のフランス貴族社会からインスピレーションを受けて設計されており、鮮やかな色彩と優雅なインテリアにうっとり。浴室のバスタブとソファに床は白黒の市松模様…たまりません。客室に入った瞬間、興奮のあまり奇声を発してしまったほど。可愛いのoverdoseで幸福指数は上がりっ放しです。エレベーターの音声がフランス語なところまでエスプリが効いています。シングル22,000円〜、スウィートルームは33,000円前後(価格変動あり)とひとりで泊まるには少し値が張るので、仕事を頑張ったご褒美や女子旅におすすめ。また愛犬家に嬉しいサービスも。9Fにはペットルームあり、1・7Fの一部エリアとレストランはペット同伴可能。さらにペット同伴客室パッケージもあるそうですよ。

L'ESCAPE HOTEL

ホテル滞在中、 ずっとほのかに広がる香りは L'ESCAPE 独自の調合。 Maison Martin Margiela などの香水を誕生させた調香師 Alienor Massenet 氏がディレクティングしたもので、 フローラルベースにほんのりとバラの香り。 ホテルのインテリアともリンクしています。 香水やキャンドル、 ルームスプレーは 7F のショップでも購入可能。

香港を代表する「mott32」とコラボしたモダンチャイニーズレストラン。 真っ赤な空間が素敵です。 ランチコースは55,000ウォン(約5,500円)～ディナーコースは110,000ウォン(約11,000円)～。

ホテルマンの制服まで映画級。 ウェス・アンダーソン監督の作品に出ていそう。

スウィートルーム宿泊客専用談話室が素敵すぎる…! ときめきすぎて息が止まりそう。

L'ESCAPE HOTEL レスケイプホテル

住所	ソウル特別市中区退渓路67 (서울특별시 중구 퇴계로67)
電話番号	+82-2-317-4000　　instagram @lescape_hotel

MAP

GLAD 麻浦
ポ

客室数378
1泊11,000円〜

ビジネス街であるこのエリアはマッチプがたくさん！カルメギサル（豚ハラミ）が有名な「麻浦カルメギ」、チゲがおいしい「クルダリ食堂」などサラリーマンや地元の人が通うお店が多く、ローカルな雰囲気を味わえます。

ソウル市内を駆け巡りたい人向け

　孔徳駅９番出口を出てすぐ目の前にあるホテル「GLAD麻浦」。孔徳駅は地下鉄５・６号線・空港鉄道が通っているので、空港へのアクセス良し、弘大方面も梨泰院方面も１本、明洞までタクシーで15分とととにかく利便性が良すぎる立地。綺麗で快適なデザイナーズホテルで、おすすめのホテルを聞かれたら必ず答えのひとつに入る一軒です。シングルでも余裕のある広さも嬉しい。ミニマルでモダンな客室はとても居心地が良くて、ホテルに帰るのが毎回楽しみになるほど。フロントのスタッフさんたちは日本語は通じず韓国語 or 英語のみ。親切で優しいですよ。

MAP

GLAD 麻浦 글래드마포

住所　　ソウル特別市麻浦区麻浦大路地下 92（地下鉄 孔徳駅9番出口直通）
　　　　（서울특별시 마포구 마포대로지하 92）

電話番号　+82-2-2197-5000　　instagram　@gladhotels

Aloft Seoul Gangnam

未来感漂う
デザインの
ロビー。

マリオットが手掛けるホテル。
明洞にもありますよ。

ソウルの右下に位置するので、江南・聖水・蚕室エリアへ行く時に便利。
弘大エリアは遠いので弘大ラヴァーにはあまりおすすめできません…涙。

漢江ビュー付き！次世代型ホテル

　清潭エリアに位置し、橋を渡れば聖水エリアもすぐ。開放感ある綺麗な客室に贅沢なプラットフォームベッド。窓から見える漢江に癒されながら、ゆ〜っくり休めるホテルです。ここに泊まると、このエリア内から出たくなくなってしまう快適さ。ベッドは寝心地がいいし、おいしい店が多いし、SM entertainment 本社は近くにあるしカフェもあるし。深夜おなかがすいたら、すぐにチャンドッテキムチチゲ（P087）へ行けるし、治安がいいので※ 夜遅く歩いていても安心感があるんです。気楽に過ごせるスタイリッシュなホテル。
※日本でも海外でももちろん気をつけるに越したことはありません。大人なのでね。

Aloft Seoul Gangnam 알로프트 서울 강남

MAP

住所　　ソウル特別市江南区永東大路736（서울특별시 강남구 영동대로736）
電話番号　+82-2-510-9770　　instagram @aloftseoulgangnam

オークラウドホテル江南<ruby>カンナム</ruby>

ホテル

宿泊施設で1,2を争う重要さ「浴室が綺麗か? 水回り問題」。こちらのホテルはもちろん綺麗です。

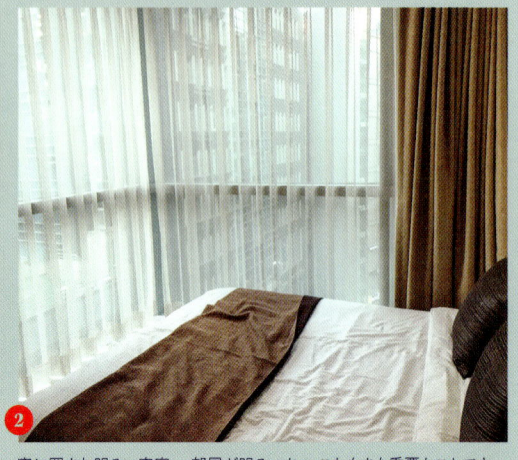

窓に囲まれ明るい客室。部屋が明るいか、これもまた重要なことです。

江南駅徒歩圏内! 便利すぎるビジネスホテル

　特段おしゃれなわけではないけれど、清潔で綺麗なビジネスホテル。窓が大きくて部屋が明るいところも良いけれど、ここの特徴はとにかく立地がいいこと! 江南駅から徒歩15分、新論峴駅7番出口から徒歩3分。江南の繁華街近くなので、深夜ホテルに戻るときも安心感がありました。ホテルの近くには24時間営業のキンパ屋や、長いユッケ寿司が人気の「コヨナム」、サムギョプサルにカルメギサル（豚ハラミ）、バーやカフェなど飲食店が豊富にあり、週末はたくさんの若者が集まり賑わうエリアです。さらに、新論峴駅からそのまま北へ上れば新沙・カロスキル。漢南大橋を渡れば梨泰院エリア（車で約15分）、さらに北へ上れば明洞（車で約20分）、仁寺洞（車で約30分）とソウル市内の各方面へのアクセスも抜群! 色々動き回りたい人にもおすすめです。韓国に通っていたとき、しばらくは常宿にしていたほど便利なホテルです。

MAP

オークラウドホテル江南　오클라우드 호텔 강남

住所　　　ソウル特別市瑞草区砂平大路58キル12（서울특별시 서초구 사평대로58길12）
電話番号　+82-2-3480-8640

BOAN STAY

部屋によってはシャワーが共同だったり、トイレとの仕切りがなかったりするので事前にチェックしておくことをおすすめします。

1番広い41号室は部屋にシャワーがついていて仕切りもありましたよ。4Fには宿泊客なら誰でも使えるキッチンも。

ソウルだからできる「泊まる」以上の体験を

　西村にある大好きな書店「BOAN BOOKS」の階上にゲストルームがあることを知り、気になっていたのですが、お部屋もロケーションも素敵だったので紹介。1942年ボアン旅館として徐廷柱、金東里などの文人たちが「詩人部落」なる文学同人誌を制作していた、韓国文学の産室だったのだそう。その伝統の息吹を感じる書店、アートスペース、カフェと建物全体を通して新旧の韓国カルチャーに触れることのできる空間となっています。部屋の窓からは景福宮の石垣と並木道が見え、歴史の礎も感じられる場所。紅葉の季節に泊まったら、きっと綺麗なはず。韓国はカフェでも宿でも窓使いが上手なお店が多いように感じます。そこだけ切り取っても絵になるし、自然の美しさを眺めるのは楽しいし一石二鳥。それぞれの部屋に本が置かれているのも粋ではないですか。窓辺に座って外の景色を眺めながら読書なんて文学的…（形から入るタイプ）。

MAP

BOAN STAY 보안스테이

住所　ソウル特別市鍾路区孝子路33（서울특별시 종로구 효자로33）
電話番号　+82-2-720-8409　instagram @boanstay

Airbnbってどう??

韓国はかわいいエアビーの宝庫！

　長期滞在の時やソウルで暮らすように過ごしたい時。 グループみんなでわいわい泊まりたい時。 自分がソウルっ子になったような時間を過ごせるAirbnb。 韓国は部屋の内装をカフェみたく可愛くしたり、 韓屋をリノベーションしてモダンな内装にしていたり、 趣向を凝らしたAirbnbの部屋がたくさんあります。 サイトから色々な部屋を見るだけでも楽しいですよ。 リーズナブルな部屋から大人数用の高価な部屋まで料金もコンセプトも様々。 とにかく安くゲストハウス感覚でも、 普段とは違う旅を経験したい時にも多様な使い方のできる宿泊体験です。

あるAirbnbのお宅
in 西村

@everythingbydo

私が出会ったAirbnbホストは皆さん超多忙。 常に洗濯機をまわし部屋の掃除をし日用品を買い足して。 家の中はいつも清潔。 誠実な働き者！という人ばかりでした。

Airbnb体験記

部屋：木と雲と空（D3）　スーパーホスト：Joonさん　料金：1部屋1泊 約4,300円

1フロアに2部屋。うち1部屋をレンタル（トイレは共有）※部屋に鍵あり

新築のビラの一室にあるので全体的に綺麗。レスポンスがとても早く手厚いケア。コンクリート打ちっ放しの壁に寝心地の良いベッド。オンドルがきいていて暖かい部屋。窓から見える柿の木も風情があって素敵だった。タオル、ドライヤー、シャンプー・リンス、Dr.Gの洗顔料。ここはバスローブまであってとても快適！さらに家の決まりや注意点、周辺情報まで日本語で丁寧に書かれていて感動…。この値段でこの快適さはかなりコスパ良し。

向いている旅人
- 現地の人と交流したい
- ソウル暮らしを体験したい
- パジャマやアメニティなど自分で持っていくことが苦にならない
- 大人数で泊まりたい

エアビーに

向いていない旅人
- 韓国語や英語で事前に細かく連絡を取るのがめんどくさい
- 少ない荷物で身軽に旅をしたい
- 完璧なサービスを求めている
- そもそも知らない人の家が無理

Airbnbの注意点

 1　すごく綺麗な家でも、シャワーのホースがトイレの真横についているという落とし穴もあります。私って日本人だなぁと思う瞬間なのですが、トイレとシャワールームに仕切りがないのが本当に苦手なので、どんな浴室かはしっかりチェック。1泊ならなんとか乗り切れても長期間滞在で不便な浴室だとSoストレスなのです。

 2　住宅地の中にあることが多いので、特に集合住宅の中にあるアパートは事前に細かく場所・棟の番号を確認しておきましょう。

 3　もちろんご存知だと思いますが、レビューをしっかりチェック。海外の人のレビューが多くてもGoogle翻訳があればだいたい訳して読むことができます。返信があまりに遅い家主だと私はちょっと不安になるかも。もしはじめてで不安な時は、スーパーホストを選ぶのがベターだと思います。

SECTION

04

ソウルライフ

SEOUL LIFE

ソウル 生活
#서울생활

金夜はチメクで盛り上がり、
週末はマーケットへ遊びに。
平日は忙しいからこそ友達とお茶したり、
恋人とデートをしたり。
気候の良い春秋は漢江公園でピクニックして、
韓国で流行中のレトロなスポットも散策。
そんなソウルっ子気分を楽しむ
旅時間を過ごしてみませんか?

MARKET OOOM

❶

支払い方法は現金 or カード。 キャッシュレスの店舗もあるので現金とカード、 どちらも準備しておくと良し。

❷

このマーケットを通じて出会えた人たちもたくさん。 新しい発見が詰まった場所でもあります。 開催日と場所はインスタグラムをチェック。

ソウルライフ

週末ソウルはマーケットをチェック!

　ソウルでは週末、 よくマーケットが開催されています。 韓国作家や新しいブランドを知るきっかけにもなるし、雑貨好きとしては見逃せない楽しいイベント。中でも「MARKET OOOM」は200軒近くの出店がある大きなマーケット。 オンラインショップの雑貨を手にとって見ることができるし、 釜山など地方からの出店もあるので幅広いモノを楽しめます。 世界観にそぐうブランドやショップを主催者がセレクトし、出店されているのだそう。素敵なものに溢れた空間と開放的な雰囲気も大好き! 心踊る時間です。

MARKET OOOM 마켓옴

instagram @market_ooom　　●開催情報はインスタグラムをチェック

ノドゥル島

SHOP NUMBER
83

A.by BOM

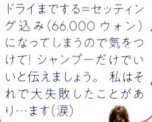

> ドライまでする＝セッティング込み（66,000ウォン）になってしまうので気をつけて！ シャンプーだけでいいと伝えましょう。 私はそれで大失敗したことがあり…ます（涙）

芸能人が通う（事務所で契約していることが多い）美容室ともなると、 アイドルと運良く遭遇できることも。 もし遭遇しても隠し撮りなどは絶対にNG！ 焦らず騒がず忍びのような気持ちでじっと見つめましょう（?）。

美容室の中にはコーヒースタンドまであり、 まるでカフェのよう。 テンション上がるドリンクサービスです。

韓国美容室の楽しみ方！
ラグジュアリーサロンで気を高める

　洗練されたラグジュアリーな雰囲気は、 さすがソウル1のセレブエリアと名高い清潭。 美容室の中にはコーヒースタンドまであり、 可愛いボトルでドリンクサービスがついて来ます。 カットは韓国語ができないと、 正直奇想天外にならないこともないかも…ですが、 私は気分転換でよくシャンプーブローを目的に足を運びます。 短時間で綺麗さっぱり！ 韓国の美容室でシャンプーが下手な人に当たったことがないほど、 シャンプー技術が高いと思います。 非日常感を味わえて楽しいです。 清潭なので高級ですが、 それでもシャンプーブローで20,000ウォン（約2,000円）。10,000ウォン（約1,000円）でシャンプーブローをしてくれる美容室も多いです。 旅の疲れを取ってくれる上にリフレッシュできて最高！おまけに夜行けば、 宿でシャンプーする手間も省けます（笑）。 弾丸で宿を取らずに遊ぶ方にもおすすめです。

MAP

A.by BOM 에이바이봄

住所	ソウル特別市江南区宣陵路152キル30（서울특별시 강남구 선릉로152길30）
電話番号	+82-2-516-8765
営業時間	10:00-19:00
定休日	不定休
instagram	@abybom_official

ヒョドチキン2号店

1階はコンビニ。お店は2階にありますが、このロゴマークが光り輝いているのですぐに発見できるはず。

レッドゥライクオリジナル生ビール（5,000ウォン・約500円）は苦味が強くてダーク。HUG me 生ビール（6,000ウォン・約600円）はフルーティで軽やか！

ソウルの週末夜はチキン＋ビール＝チメク！

　フライドチキンを食べながらビール（メクチュ）を飲むことを、韓国では「チメク」と言います。造語ですが、相性ばっちりのこの黄金コンビ。私は韓国に通い出し、チメクを知ってからというもの、今まで飲めなかったビールが少し好きになりました。韓国のビールがさっぱりしていて軽いこともあるかもしれませんが"食エンタメ"を楽しんでいる感覚。週末夜だしチメクしに行こうよ！と、ソウルっ子ぶって友達を誘うことも（笑）。お店はもちろん、自宅で友達と、暖かい季節は公園でチメクすることも。漢江でなんて、もう最高…なんですよ！

　江南にある人気店・ヒョドチキンは、揚げジャコとからめた甘辛いソースがクセになるおいしさ。いろんな味を楽しみたいときは、ピリ辛ヤンニョムが加わった、ハンバンチキン（20,000ウォン・約2,000円）がおすすめです。フルーティな生ビールとよく合いますよ。これから他ブランドとコラボしPOPUPもどんどん開催されるそう。

MAP

ヒョドチキン2号店　효도치킨2호점

住所	ソウル特別市江南区鳥山大路50キル27（서울특별시 강남구 도산대로50길27）
電話番号	+82-2-518-0628　**営業時間**　18:00-26:00／土17:00-24:00
定休日	日曜日　**instagram**　@hyodochicken

SHOP NUMBER
85

ムクジョン

韓国ではチヂミではなく、 ジョンと言います（日本語がわかる人なら通じることも）。 はじめのうちはチヂミと伝えても通じず、 カルチャーショックを受けました。

ジョンとマッコリで韓国の夜をゆるりと過ごす

　韓国ではマッコリの定番おつまみと言えばジョン！ 韓国はどの店にも焼酎とビールはほぼありますが、 マッコリはどこの店にもあるわけではありません。 ただ、 ジョンとマッコリはセットなのでジョンの店にはマッコリがあるし、 マッコリのある店ならジョンがあるのですね。 狎鷗亭エリアにあるマッコリ居酒屋「ムクジョン」は、 3階建ての広々とした空間。 看板メニューであるモドゥンジョンは、 エゴマの葉、 豚ミンチ、 エリンギ、 ホバク、 豆腐、 イカ、 キムチなど色々なジョンを堪能できます。 専用の鉄板で焼かれるジョンは、 あつあつのうちがもちろん美味しいけれど、 冷めても美味しいので、 マッコリと一緒にゆっくりまったり味わって。 ポッサムは、 オリジナルのにんにくダレで辛味のきいた、 これまたマッコリに合う美味しさ。 陶器の里、 利川の壺や器を使っており、 伝統とセンスの良さを感じます。 週末はウェイティングが出来るほどの人気店なので、 少し早めの時間に行くのがベターです。

MOOKJEON

にんにくダレと黒ごまをたっぷりかけたポッサム。キムチで挟んで食べるのも美味。

カフェみたいなおしゃれな店内。テーブルや椅子選びにもセンスを感じます。

やかんで出てくるマッコリは、まさに韓国♡まろやかでスッキリ飲みやすいのでついついお酒が進みます。

モドゥンジョン 小 18,000ウォン（約1,800円） 大 28,000ウォン（約2,800円）

P014で紹介したTartine bakery のすぐ隣。近くには NCTのテヨンも訪れていた 「OUR Bakery」 も。

ムクジョン 묵전

住所	ソウル特別市江南区彦州路168キル22 （서울특별시 강남구 언주로168길22）
電話番号	+82-2-548-1461
定休日	不定休

営業時間	11:30-26:00（日曜日は23:00まで・祝日は25:00まで）
instagram	@mookjeon_

MAP

Retro Boutique Rental Shop

せっかくなら洋装がバッチリ決まるお店で撮りたいもの。たまたま入ったカフェはロマンティックな壁紙が可愛くて、レトロな洋装とも相性バッチリ。

レディな洋装コスプレで益善洞散歩

　鍾路・益善洞でソウル女子たちに人気のレトロ衣装レンタル。韓国ドラマ「ミスター・サンシャイン」を彷彿とさせるレトロな洋装で、韓屋が立ち並ぶ路地裏やクラシカルな喫茶店で写真を撮り、インスタグラムにアップするのが流行っているんです。若い女性だけでなく、男性や年配の女性グループなど様々な人たちが楽しんでいます。数年前、韓国で制服コスプレが流行した時は、制服かぁ…とまったく乗り気になれなかったものの、今回は血が騒ぎました。自分にしっくり似合う服を選ぶのも楽しいし、ドレスに合う帽子やネックレスをコーディネートしていく行程がすでに非日常! 女同士で行くと盛り上がりますよ〜。洋装していると、街を散歩しているだけでもワクワク。日本だと恥ずかしさがあって、なかなか実行には移さないかもしれませんが、ここはソウル。海外だからこそできるアクティビティ、ぜひ堪能してみてください。

Retro Boutique Rental Shop

ドレスはもちろん、普段はつけないような髪飾りや手袋で、時空を超える体験を。

レトロな香り漂う外観。

ドレス・靴・手袋・帽子（髪飾り）・ネックレス・ハンドバッグのレンタル3時間で19,900ウォン（約1,990円）ととてもお得なお値段。コスパ良すぎです。

帽子、髪飾り、靴、上から下まで品数豊富。一式同じ空間で揃うのが嬉しい。

Retro Boutique Rental Shop 익선동 경성의상실

住所　ソウル特別市鍾路区敦化門路66（서울특별시 종로구 돈화문로66）
電話番号　+82-2-747-9423　営業時間　10:00～21:00
定休日　月曜日　instagram　@kyungsung_retro_boutique

MAP

SHOP NUMBER
87

京義線スッキル公園 _{キョンイソン} 延南洞区間 _{ヨンナムドン}

❶

ソウルは本当にラブラブなカップルが多いな〜！と思うのは私だけ？

❷

公園付近の their coffee (instagram@ their_coffee) ではピクニックセットが予約できます（前日までに要予約）。メニューなど変わることがあるのでインスタグラムをチェックしてみてくださいね。※春から秋のみ。冬はお休み。

ヨントラルパークでちょっと休憩

　弘大入口駅３番出口を出て右手にすぐ見えるのが、京義線スッキル公園（延南洞区間）。昔汽車が走っていた線路跡沿いを歩いていると犬と戯れている人、ゴロゴロしているカップル、夏ならシートを敷いてビールを飲んでいるグループや水辺で遊ぶ子供たちと、ソウルの人たちの日常を垣間見れて和やかな時間を過ごせます。カフェ密集エリアなので、テイクアウトしたコーヒーを散歩がてら飲んだり、ピクニックしたり。弘大の喧騒を抜け奥へ行くほど静かに。秋は紅葉が美しく、冬は枯れ木となってしまいますがそれすらも風情を感じる、ソウルの凛とした寒さも愛おしく感じる時間です。また韓国あるあるですが、路上で歌っている人たちのレベルが高く毎回驚きます。聴衆が集まるのも納得の思わず聞き入ってしまう歌唱力。そんな歌声をBGMに散歩するのも楽しい、ここはまさに小確幸を感じる場所なのです。

MAP

京義線スッキル公園　延南洞区間 경의선숲길공원 연남동구간

住所　ソウル特別市麻浦区楊花路23キル、一帯
　　　（서울특별시 마포구 양화로23길, 일대）

聖水チョッパル
ソ ン ス

ずっしり重い！
チョッパル。
食事時は
ウェイティングも。

① 地下鉄2号線「聖水駅」から徒歩5分。写真は中サイズ（35,000ウォン／3,500円）。山盛りのチョッパル、キムチ、ニラ、野菜、タレ、サンチュと一式揃っているので、これだけですぐに飲み会をスタートできます。

ソチュのおともに心強い

　友人の家で集まっている時「ソウルで一番おいしいチョッパルの店だよ！」と韓国人の食いしん坊友達が持って来てくれたもの。店主であるハルモニが毎日作るチョッパル専門店です。あまりお酒を飲まないので、わざわざ食べに行くこともないし夕食としてお店に行くのもちょっとな…と食べるタイミングがなかなかつかめなかったチョッパル。なるほど家飲みの時にぴったりだと思ったのです。ぷるっぷるの豚の皮と塩辛さは、お酒のつまみにドンピシャリ。Airbnbで家を借りてチョッパルと焼酎で酒盛りすればソウルっ子気分。韓国の人たちはペダル（デリバリー）でもチョッパルを頼むことが多いみたい。

MAP

聖水チョッパル 성수족발

住所	ソウル特別市城東区峨嵯山路7キル7（서울특별시 성동구 아차산로7길7）
電話番号	+82-2-464-0425　**営業時間**　12:00-22:00
定休日	不定休

漢江公園 蚕院地区
ハンガン　　チャムォン

夕焼け空の下、公園で穏やかに過ごす人々を見ていると、心が和みます。

ソウルっ子たちの憩いのスポットで
ヒーリングタイム

　ソウルの中心を東西に流れる漢江。そのほとりにある漢江公園は、全部で12箇所ありますが、私がよく足を運ぶのはカロスキルから歩いて行ける漢江公園 蚕院エリア。繁華街からひょいっと気軽に行ける距離感も、ソウルの日常が垣間見えるところも大好き。川沿いをサイクリングする人たち、仲睦まじいカップル、音楽をかけながらなにやら楽しげに話している女子たち。ソウルの人々の生活に溶け込んでいる漢江公園にいると、大人の余裕と「余白」を感じます。その昔「EXO'S SHOWTIME」という番組で、EXOのメンバーが夜の漢江公園で遊ぶ姿があまりに眩しくて…コンビニで夜食を買っているだけなのに、なんでこんなに楽しそうなんだろう!? 私もやってみたい! と、猛烈に憧れたものです。ソウルに住んでいても、何度も行きたくなる、行くたびに癒されて元気をもらえる、大好きなパワースポットです。

HANGANG PARK

普通自転車１時間3,000ウォン（延長料金15分ごとに500ウォン）。

レジャーシートやシャボン玉、凧揚げまで！野外用のグッズも充実しているコンビニ。童心に帰るシャボン玉は5,000ウォン（約500円）。思いのほか楽しくておすすめです。

春秋がおすすめ。パステルカラーのソウルの夕暮れ時が大好き。

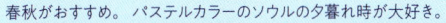

夜に行くならコンビニでラーメンが鉄板！袋入りのラーメンを買うと、店員さんがアルミ皿をくれるので、外にある機械でお湯を入れ即席ラーメンを作りましょう。漢江と夜景を見ながら食べるラーメンは最高においしく感じます。

漢江公園 蚕院地区　한강공원 잠원지구

MAP

カロスキル入口（「It's skin カロスキル店」のある場所）から徒歩20分。お散歩がてら行く時は！カロスキル入口から、メイン通りを現代高校方面へ進み、そのまま道なりにずっと進んでいけば、漢江公園周辺に到着します。
※カロスキル入口は地下鉄３号線・新沙駅８番出口から徒歩５分！

韓国人の友達は本当に
写真を撮るのが上手！
傍でいつも勉強中(笑)。

SHOP NUMBER
90

Coin de Paris

紅茶マイスターの資格を持つほど、紅茶愛たっぷりの店主。おいしい一杯を召し上がれ。

2名分33,000ウォン(約3,300円)ジャンボバター or クロワッサンサンドウィッチ(+1,000ウォン)／季節の果物／ミニチーズセット／クラッカーとデコレーション用ハーブ／アイスティー(ボトル1本)／ヴィンテージチーズナイフ／プラスティックワイングラス×2／チェックリネンキッチンクロス…etc.

MEMO

ピクニックセットは要予約。 お店のインスタグラムにDM(英語 or 韓国語)で希望の日付と時間を送りましょう。
利用時間(3時間) ●Day time 13:00-16:00 ●Sunset time 17:00-20:00
2名分33,000ウォン(約3,300円) ＊予約時間に遅れた場合も予約時間からカウントされます。
＊レンタル希望連絡は前日18時まで可能。 当日予約は店頭状況に応じて可能かどうか返答。 ※延滞料金
10-30分につき5,000ウォン(約500円)30-60分につき10,000ウォン(約1,000円)60分以上の遅延は
利用料金が発生します。

フランス映画のような1シーンを!

　ソウルの右側蚕室エリア。 足を伸ばしてでも行きたい可愛い可愛いカフェ「Coin de Paris」。 おいしい紅茶とクロワッサンをいただきながら、 パリにいるような気分になれるお店です。 ここ…ピクニックセットも素敵すぎるんです。 はじめて見た時は悲鳴を上げたほど、 店主のセンスと世界観が素晴らしい!! 藤のバスケットにストライプのシート(しかも防水)、 ボトルティーにパンに季節の果物。 まるで映画の1シーンのような優雅な時間を過ごせます。

MAP

Coin de Paris 꼬앙드파리

住所	ソウル特別市松坡区馬川路7キル18 (서울특별시 송파구 마천로 7길 18)
電話番号	+82-2-2019-2019
定休日	月曜日&インスタグラム参照

営業時間　11:30-21:00 (L.O.20:30)
instagram　@coindeparis_

オリンピック公園

蚕室エリアへ行くときの夜ごはんは PO50 のコドシクがおすすめ。 また公園近くにある 「PROPER COFFEE BAR」 というカフェも激推しさせてください。

ヲタクにとっての聖地?! 巨大な公園

　ソウルオリンピック(1988年)のために作られた公園。 巨大な敷地の中には湖、 博物館、 夢城土城、 美術館まであり園内で迷うほど。 コンサートやイベント会場としても使われているので K-POP アイドル好きは訪れたことがある方も多いのではないでしょうか。 四季折々の自然美を楽しめるのでイベントだけでなく公園としても、 とても良い場所。 夏はこの広さの中を歩くことにさすがにくたびれてしまいましたが、 気候の良い季節は快適に過ごせます。 若者の道と名前のついた散策路があったり、 初夏には庭園に色とりどりのバラが咲いたりと都会にありながら自然をゆったり楽しめるスポットでもあります。 暑いのより断然寒い方が好きなもので春～初夏、 美しい紅葉も満喫できる秋がおすすめ。 真夏は暑すぎて燃えつきてしまう恐れも…。 私が訪れた時期はちょうどバラが咲いていて、 ロマンティック止まりませんでした。

オリンピック公園 올림픽공원

MAP

住所　　　ソウル特別市松坡区オリンピック路424, 一帯 (서울특별시 송파구 올림픽로424, 일대)
営業時間　5:00-22:00 (施設により異なる)

駱山公園 （ナクサン）

①

地下鉄4号線「恵化駅」から徒歩15〜20分ほど。演劇の街でもある大学路エリアの丘上に位置します。駅から歩くとなかなかハードなのでぺたんこ靴で行くのがおすすめ。また、せっかくここまで来たのなら駅の近くにあるカフェ「Maison de avecel」もぜひ訪れてみて。

韓国ドラマのロケ地＆デートスポット

　韓国ドラマや映画のロケ地としても有名ですが、ソウルっ子たちにとってここはデートスポット。昼間はアジョシたちが丘の上で語らっていたり、運動器具でひとり無心にトレーニングをするアジュンマがいたりとピースフルな雰囲気。夜になると一転、恋人たちの甘い雰囲気に山が覆われます。夜遅いと暗くて人がいなくて恐いかな…?と少し緊張しながら行ったものの、なんてことはないカップルだらけ。思っていたよりも人が多くて驚いたものです。

　東大門まで続く城郭は1970年代に復元されたもの。600年前に景福宮・昌徳宮を守るために築かれた「漢陽都城」は、崇礼門〜光煕門、光煕門〜恵化門、恵化門〜彰義門、彰義門〜崇礼門の4区間。現存保存されたままの箇所もあるのだそう。城郭沿いを歩くトレッキングコースもあるので、来年こそチャレンジし歴史をもっと深く感じてみたいと思っているところ。

MAP

駱山公園 낙산공원

住所　ソウル特別市鍾路区駱山キル54 (서울특별시 종로구 낙산길54)

CHAPTER

3

ソウルから
足を延ばして

ソウルが大大大好きだけれど、
韓国は地方だって楽しい！大都市ソウルとはまた違う面白さや風情、
その土地ならではのおいしいものがあって、
魅力がたっぷり（EXOのことは殿堂入りで愛しているけれど、
NCT DREAMにも惹かれている。つまり、そんな感じです）。
KTXを使えば釜山だって日帰りで行けちゃいます。
最近は泊まる準備をすることが億劫で（笑）
ソウルからの日帰り地方旅にハマっているのです。
まずはソウル市内からバスでピュンと身軽に行ける
「仁川」プチトリップへご案内します。

인천 & 강원도

↑
↑
↑
ONE
DAY
TRIP
↓
↓
↓

INCHEON

GANGWON-DO

♡LOVE♡
PETIT TRIP

仁川へ1DAY プチトリップ

SHOP NUMBER
93

まずはエビを食べに
「蘇莱浦口総合魚市場」へ!

どうやって行くの?

江南駅から広域バス「M6410」番に乗って約1時間20分
ちなみに仁川空港からバス「303-1」番で約1時間

市場では店ごとの客引きがすごいので、意思を強く持ちながら(笑)色々見て回りましょう。店によっては値引きしてくれることも!

新鮮なエビをそのまま塩焼きで食べよう

　ある日突然、友人から送られてきた「鉄鍋いっぱいのエビ焼き」写真。食べたくて食べたくてふるえ、いてもたってもいられず、次の日には仁川を訪れていました。仁川と聞いただけで、と、遠い…と立ちくらみがするはずなのに、エビで鯛を釣る改めエビに釣られた東山。江南駅からバスに揺られ1時間。ポテトチップスとコーラを持ち込み、喋っているとあっという間に小さな漁港・蘇莱浦に到着。バス停から歩いて15分ほどすると、市場が見えてきます。昔ながらの在来市場と新しい総合市場がありますが、私たちのお目当は新しい「蘇莱浦口総合魚市場」!水産市場で好きな量のエビを買ったら、イートインスペースでそのままエビを調理してくれるのです。塩がたっぷり敷かれた鉄鍋で焼くエビ。コチュジャンをつけなくても、塩だけで充分おいしい!! エビを必死で剥きながら会話もなく、黙々と食べる食べる。ビールもいいし、焼酎とも抜群の相性! これはね、お酒がすすみますよ。わざわざ遠出してでも行ってよかった、また行きたい市場です。

HOW MUCH?

●エビの相場は2kg 30,000ウォン（約3,000円）

●調理代13,000ウォン（約1,300円）

●サンチュ、ケンニッ、にんにく、コチュなどのセット 5,000ウォン（約500円）

シンプルイズベスト!蒸しあがったエビはぷりっぷり。甘みと旨味が凝縮されたエビは本当においっっしい!

周辺の市場には干しエビやタコキムチなどなどお土産に買いたい海産物がたくさん。ブラブラ散策も楽しいですよ。

屋外の簡易テーブルで食べるのも楽しい!韓国の屋台感。

NEXT!

仁川カフェも行かなきゃ!
バス「537」番に乗って約50分

蘇莱浦口総合魚市場 소래포구종합어시장

住所	仁川広域市南洞区児岩大路一帯（인천광역시남동구아암대로일대）
電話番号	+82-32-446-2591　**営業時間** 8:00-21:00（店舗により異なる）
定休日	年中無休

MAP

江原道

仁川にもソウルに負けず劣らず、素敵なカフェがたくさん！
普段は遠くてなかなかこれないけれど、
この機会に重い腰をあげてみよう。

SHOP NUMBER
94

cafesomemore

クリーム色の壁とドア、ナチュラルなインテリア。シンプルで飾らない可愛さのあるカフェだけど、どこかメンズライクなエッセンスがあるところも好き。ブランチメニューとフレンチトーストが人気です。笑顔が可愛いスタッフさんたちも魅力。

cafesomemore　카페썸모어

徒歩2分の近さ

MAP

住所	仁川広域市南洞区仁荷路521番キル21 （인천광역시남동구인하로521번길21）
電話番号	+82-10-4311-2592
営業時間	11:00-21:00（L.O.20:00）／ 日曜日は17:00まで（L.O.15:00）
定休日	月・火曜日
instagram	@cafe.somemore

SHOP NUMBER
95

TEINY TABLE

大好きな映画
「PRIDE AND PREJUDICE」を
pick ♡

クラシカルなインテリアと1920年代のアメリカンな服装のバリスタさんたち。まさに「ギャッツビー」のような世界観のカフェ。映画のタイトルが書かれたボトルミルクティーがシグネチャーメニュー。裏側には劇中の台詞が。韓国カフェのこういう小洒落た遊び心が心底好き！

TEINY TABLE　태이니테이블

MAP

住所	仁川広域市南洞区ソンマル路32番キル31（인천광역시남동구성말로32번길31）
電話番号	+82-32-422-0526
営業時間	12:00-23:00
定休日	インスタグラム参照
instagram	@teiny_table

nest hotel INCHEON

仁川国際空港1F・旅客ターミナル到着場14Cゲートからシャトルバスあり（60分感覚で運行）。

プールから眺めるサンセットが最高…時を止めたくなるほどの贅沢な時間。

仁川でホカンスを満喫

クリエイティブ集団・JOHがブランディングと建築、デザイン全域を手掛け、韓国で初めて、世界的に独創的なホテルを選定する「デザインホテルズ Design Hotels™」のメンバーに選ばれた nest hotel。ここはもはや「ホテル」が旅の目的。窓からの眺めも、ミニマルなインテリアデザインも居心地よし。レストラン、カフェは宿泊客以外もたくさん訪れる人気店。もちろん、ソウル市内からもホカンスを楽しみにやってくる人もたくさんいます。また、一年中楽しめる屋外フィンランドサウナや、西海を望むインフィニティプールからの絶景と夕焼けは、まさにホカンスの名にふさわしく、ゆったりとした休暇を過ごすことができます。メインプールの他に、キッズ＆パーティープールまであるというところが、さすがパリピ大国、韓国。そんなところが大好きです。

MAP

nest hotel INCHEON　네스트호텔 인천

住所　　　仁川広域市中区永宗海岸南路19-5（인천광역시중구영종해안남로19-5）
電話番号　+82-32-743-9000　　instagram　@nest_hotel

CHAPTER 3

ONE
NIGHT
TWO
DAYS

江原道

GANGWON-DO

江原道プチトリップ

早起きしてソウル駅でキンパやおやつを買ってKTXに乗ること約2時間。

江原道・江陵市はドラマ「トッケビ」のロケ地としても、

オリンピック開催地としても有名になった海街。

美しい海とおいしい海の幸!郷土料理のスンドゥブにカフェまで。

思い切り楽しめる1泊2日プランを考えてみました♡

遠足気分を
高めてくれる
KTX!

どうやって行くの?

ソウル駅からKTXに乗って約2時間
ソウル駅⇔江陵駅 片道27,600ウォン

START!
11:00 まずは外国人専用ツーリストタクシーに乗ろう!

http://taxi.travelgangwondo.com/

「カンウォンドツーリストタクシー」はその名の通り、外国人観光客専用タクシー。 必須場所である、鏡浦海辺／安木コーヒー通り／伝統市場の中から1箇所だけ行けば、 あとは江陵市内・3時間以内ならどこでも自由に行くことのできる、 超!便利なサービスです。 ※パスポートの提示必須

受付時間 9:00-17:30 (予約不要)　受付場所 江陵駅観光案内所　KTX江陵駅1番出口手前(駅構内)

電話番号 +82-33-640-4534　利用料金 3時間 60,000ウォン→キャンペーン中20,000ウォン

11:10

SHOP NUMBER
97

Skybay Gyeongpo Hotel

チェックイン時間前でも荷物だけ預けることは可能。 ホテルの裏側・海岸沿いには海鮮居酒屋がたくさんあるので食事には困りません。 朝からスンドゥブチゲも食べられますよ。

海を見渡せる屋上プールが最高!

キョンポビーチ沿いに建つSKYBAY GYEONGPOは、客室からのオーシャンビューも、屋上プールから眺める美しい海も、 素晴らしい景色を堪能できるホテルです。 青空のすぐ近くで悠々と水に浮かびながら、 眼下には美しい海。 この世の春かと思うほどの贅沢な時間を過ごすことができます。 客室も綺麗で清潔、 広さも十分。 早起きして朝日を見たり、 海岸沿いをお散歩したり、 自然に触れながら何もしないという贅沢な時間。 夜もシーズン時なら観光客が海岸で遊んでいるので、 安心感があります。 ホテルのすぐ近くには人気カフェ「トゥエンマル」(instagram @cafe_toenmaru) も。

MAP

Skybay Gyeongpo Hotel 스카이베이 호텔

住所　　江原道江陵市海岸路476 (강원도 강릉시 해안로 476)
電話番号　+82-33-923-2000

タクシーで12分
11:30

SHOP NUMBER
98

BOHEMIAN COFFEE

酸味が苦手ならとおすすめされた「Panama Geisha Blend (white)」。 まろやかでエグミのない、上品な苦味がおいしい…。 東京にあるコーヒーの学校へ通い、バリスタ修行をしていた先生。 日本語がとても堪能でびっくり。

取材中もお客様が来るたびにコーヒーを淹れに店内へ戻っていた先生。その姿はもはや匠でした。

独自のコーヒー哲学をもつ
韓国バリスター世代 パク・イチュ先生に会いに

　韓国の人たちにドリップコーヒーを伝えた第一人者。 1988年大学路から始まったボヘミアンコーヒーは、 様々な場所へ移転したのち、 2004年からは現在の場所で木曜日から日曜日まで週4日営業しています。 豆を煎り抽出するのはすべてパク・イチュ先生。 70代になった今でも1日300杯ものコーヒーを淹れるのだそう。 コーヒー豆を作るために、 ミャンマーやなど世界各地を訪れラオスに農場を見つけたり、 2021年にはもっと静かなところでコーヒーを淹れたいと新しいカフェのオープン準備をしたり、 現在進行形で活動されている先生。 「よりコーヒーと向き合うために、 空気が良くて人のいない静かな場所でコーヒーを淹れたいと思い、 江陵市を選びました。 お金儲けよりもただコーヒーが好きだからやっていること。 日本的に言えば度がすぎるんじゃないかな(笑)」 ざっくばらんな語り口に、 温かい人柄。 コーヒーに対し、 ずっと真摯に向き合ってきたからこその深みを感じました。

MAP

BOHEMIAN COFFEE 보헤미안 커피

住所	江原道江陵市連谷面ホンジルモッキル 55-11 (강원도강릉시연곡면홍질목길 55-11)
電話番号	+82-33-662-5365
定休日	月〜水曜日

営業時間　木金 9:00-16:00 ／
週末 8:00-17:00

instagram　@bohemian_roasters

注文津防波堤

ドラマの情景を味わえるスポット。観光で来ていた韓国人カップルや女子たちが、ポーズをバッチリ決めて写真を撮る姿を必死に真似ながら渾身の一枚を撮影（笑）。

大ヒット韓国ドラマ「トッケビ」の舞台でヒロイン気分

　韓国で社会現象を巻き起こすほど大ヒットしたドラマ「トッケビ」の舞台となった海岸。ここに行くとなぜかいつも天気が悪いのは、なぜ…？トッケビが来ちゃう…？コン・ユ様に会いたい。江原道に初めて来た時に感動したのは、海水の透明度！底の砂がはっきり見えるほど綺麗なんです。ずーっと眺めていたくなる美しさ。この美しさに魅了され、また来たい！と思ってしまうほど。また、ここまで連れて来てくれたタクシーの運転手さん（39歳）が「観光地だから稼げるけど、この辺りは適齢期の女性はほとんど結婚しているし、ソウルに出てしまうから相手がいない。今年中に結婚できなかったらずっと欲しかったハーレイを買おうと思っているんだ」と話していて、結婚できたのかハーレイを買ったのか少し気になっています。

注文津防波堤 주문진방파제

住所 江原道江陵市注文津邑海岸路1609、一帯（강원도강릉시주문진읍해안로1609, 일대）

MAP

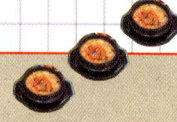

タクシーで12分
14:00

SHOP NUMBER
100

SOONTOFU GELATO
1号店

ここ草堂スンドゥブ村は
スンドゥブ専門店が
集まるエリア。
おいしいスンドゥブチゲ
いただきます！

HOW MUCH?

●スンドゥブ
4,000ウォン
（約400円）

●インジョルミ（きなこ）
4,000ウォン

まろやかおいしいスンドゥブジェラート

　江原道・江陵市の郷土料理である「草堂（チョダン）スンドゥブ」。朝鮮時代から400年以上に渡り受け継がれてきた味と製法のスンドゥブです。草堂エリアにはスンドゥブ専門店が集まり「草堂スンドゥブ村」として有名。ソウルで食べるものとは違い、おぼろ豆腐みたくほろほろふんわり柔らかで、あの美しい海水があるからこそ、こんなにおいしいんじゃ?! と初めて食べた時は感動したものです。

　こちらは、行列ができる大人気のスンドゥブジェラート店！「お腹がいっぱいで食べられないかも」と言っていたのに、まろやかな甘みと、濃厚なのにさっぱりした口当たりがおいしくてペロリ。全種類食べてみたくなる軽やかさです。

MAP

SOONTOFU GELATO 1号店　순두부젤라또 1호점

住所	江原道江陵市草堂スンドゥブキル 95-5（강원도강릉시초당순두부길 95-5）
電話番号	+82-10-2124-1356
定休日	火曜日

営業時間　10:00-19:50
（Breaktime15:30-16:40）

instagram　@soontofugelato

ツーリスト タクシー3時間終了！

夕食なら徒歩20分（次ページで紹介）
ぷらぷら散歩しながら海岸でヒーリング

コンドリフェチプ

他の刺身屋とは一線を画すスタイリッシュさ。女子旅でも入りやすい綺麗なお店です。

身がぎっしり詰まったズワイガニ。カニミソも旨味たっぷり。

江陵市に来たら蟹！蟹！蟹！

　東方神起・ユノの友人が営む刺身居酒屋。K-POP界を代表するぶっちぎりの誠実さと情熱を持つ男・ユノユノの友人。それだけで絶対的安心感を持ち、予約なしでチャレンジしたものの平日でもウェィティングができていました。名前と連絡先を書き込むと、kakao talkで待ち時間の案内が来るので、待ってる間は近所をぶらぶら散歩。30分ほど待ち入店。以前の江原道旅でズワイガニのおいしさに感動したので、今回はもっとたっぷり食べたいとズワイガニ＋刺身セット（中）220,000ウォン（約22,000円）をオーダー。前菜から始まり刺し盛り、唐揚げ、そば、ハンバーグなどなどボリューム満点のセットです。なにより、江陵市の蟹は旨味が濃くて本当においしい…。カニミソにも乾杯。ドリンクとあわせてひとり9,000〜12,000円ほどと値は張りますが、せっかくここまで来たのだからと奮発！悔いなしなお食事でした。次回は蟹をもっと食べたいから、蟹だけ食べに行こうかと欲は深まるばかりです。

コンドリフェチプ 건도리횟집

住所	江原道江陵市滄海路427（강원도 강릉시 창해로 427）
電話番号	+82-33-644-9700
定休日	火曜日
営業時間	12:00〜23:00（L.O.22:00）、金・土・日・祝 12:00〜翌2:00

MAP

手紙郵送サービス
1回5,000ウォン
（約500円）

SHOP NUMBER
102

POSTCARD OFFICE

ゆるかわいい郵便局員おじさんのキャラクターが目印。韓国クリエイターのかわいい雑貨と文房具が小さな店内にぎゅっと詰まっています。そしてロマンティックなサービスも。「POST CARD OFFICE」と書かれたダークグリーンの素敵なポスト。7年以内であれば、いつでも好きな月に手紙を送ることができるサービスなんです。ポストカードやレターセットはお店で販売しているので、好みのものをセレクトして。誰に書いて送ろうか、考えるだけでワクワクしませんか？

草堂スンドゥブ村から
タクシーで15分！

MAP

POSTCARD OFFICE 포스트카드오피스

住所	江原道江陵市花浮山路40番キル29 豊林アイウォン商店街5号 （강원도강릉시화부산로40번길29 풍림아이원상가5층）
電話番号	+82-70-8816-1084
営業時間	10:00-19:00（Break Time12:00-13:00）
定休日	火・水曜日
instagram	@postcard.office

2日目のブランチはカフェで

ホテルからタクシーで15分
（8,000ウォン・約800円ほど）

朝の海岸散歩も
いいね。

SHOP NUMBER
103

B-SIDE GROUND

ソウルでカフェを営んでいたバリスタさんが江陵市に開いた「B-SIDE GROUND」はミニマルな空間がTHEタイプ。1.2Fはブランチカフェ、3Fはセレクトショップになっていてカフェだけでなく、洋服や雑貨も一緒に楽しめます。シグネチャーメニューのフレンチトーストはブランチにぴったり。

B-SIDE GROUNDから江陵駅まで徒歩10分。ソウルへ帰る前のコーヒータイムにぴったりです。

MAP

B-SIDE GROUND 비사이드그라운드

住所	江原道江陵市龍池路136（강원도강릉시용지로136）
電話番号	+82-70-4189-1237
営業時間	11:00-20:00
定休日	火曜日
instagram	@bside_ground

あとがき

「本当は秘密にしたい　ソウルのおいしいもの巡り」楽しんでいただけましたか？

　今まで自分の足で時間とお金をかけ集めてきた情報の中から、 ソウルに住んでいるからこそわかる現地の空気感も一緒に届けたくて、 この本を書き上げました。
　コーディネーターという職業柄、 普段は仕事で案内をしているのでまさに「蔵出し」気分。 今まで秘めていた情報 〇ー〈有名店も多いけども〉 を思い切り出すことにドキドキしながらも、 2019年秋時点の最旬。 ソウルのおいしい話をお届けしています。
　これも職業柄ですが、 いつも「巡り方・過ごし方」にはこだわっていて 〇ー〈元来せっかちな性格なとこもある〉 この店に行ったらここもあそこも! とつい欲張ってしまうため、 周辺のおすすめ情報も少しだけ入れています。
　大好きな場所だけこの本に詰め込んだので、 これらをヒントに自分好みの韓国旅を組み立ててもらえたら嬉しいです。
　近くて遠い国と言われていますが、 似ている言葉もたくさんあるのに、 文化は全然違うんだなと、 食を通して気づくこともたくさんあります。 でも、 文化は違えど人の優しさや温かさに変わりはなく。 パワフルで努力家、 せっかちかと思えばケンチャナヨ精神でのんびりしていてゆるい。 このトンチキさこそ韓国の魅力だと思うのです。
　たくさんのおいしいとたくさんの小さな幸せが見つかったら、 これ幸いです。 ソウル旅行がもっと楽しくなるスパイスになれますように。

　最後に。 いつもおいしいものを教えてくれるソウルの食いしん坊友達。 この本にもたくさん協力してくれた정동우。 いつも助けてくれる、 通訳もしてくれたゆきちゃん、ななちゃん、まゆちゃん。 たくさんお世話になっている THANKS BOOKS の이기섭代表。 コーディネーターの大先輩・じゃきょんさん。 海のような広い心で本を制作してくださった担当編集の松本さん、 視線強奪なかわいいかわいい本を作ってくださったデザイナーの彩乃さん。 お世話になっている師匠・青柳さん、 美香さん。インスタグラムからいつも応援してくださる方々。 そしてどんなときも応援してくれている両親に、 この本を捧げます。

　いつもスタートする気持ちで努力します。 ノムノムカムサハムニダ! #하트

東山サリー
@saliy83

韓国在住コーディネーター・ライター。2016年から韓国カフェにどっぷりハマり、ソウル、釜山、大邱、済州、全州など地方にまで足を運び、訪れたカフェは延べ600軒を超える。韓国が好きすぎて、2018年に勤めていた出版社を辞めフリーランスに。ソウルを拠点に東京と行ったり来たりしながら、日々韓国情報を集めている。韓国カフェ通として『にじいろジーン』(KTV)にも出演。著書に『韓国カフェ巡り in ソウル』(ワニブックス)がある。

本当は秘密にしたい
ソウルのおいしいもの巡り

2020年1月21日　第1刷発行
2020年2月12日　第2刷発行

著(写真・文)	東山サリー
デザイン・イラスト	徳吉彩乃
編集	松本貴子(産業編集センター)
制作協力	(株)コネスト
発行	株式会社産業編集センター
	〒112-0011　東京都文京区千石4丁目39番17号
	TEL 03-5395-6133
	FAX 03-5395-5320
印刷・製本	萩原印刷株式会社

©2020 Saliy Higashiyama Printed in Japan
ISBN978-4-86311-252-0　C0026